かんたん！
うち飲みが楽しくなる！

世界の
おつまみ
レシピ

本山尚義

JN197501

主婦と生活社

世界のおつまみとお酒で
おうちを世界の居酒屋に！

あなたがお酒を飲みたくなるのは、どんなときですか？

友達同士や家族でワイワイと、夫婦や恋人同士でしっとりと、

たまには自分の人生を見つめながら、一人でゆっくりと……。

そんなときに欲しくなるのは、手軽に作れるおつまみです。

私は、海外30カ国を旅して現地の台所で料理を教わったり、

日本で暮らす外国人の皆さんに料理を教わったりしてきました。

その経験からいえば、料理は、その国の生活や文化を知る

いいきっかけになります。さらに、そこに一杯のお酒が加われば、

そこで暮らす人たちとの親密さが、より増す気がします。

Salud!

Cheers!

この本で紹介するのは、お酒に合う「世界のおつまみ」のレシピです。

といっても、難しいものはありません。

できるだけ、家庭にあるものやスーパーで揃う食材で作れるように工夫しています。

また、家庭で簡単に作れるカクテルも紹介しています。

旅行で訪れた国のことを思い出しながら、テレビでスポーツ観戦をしながら、各国のユニークな食文化を話のネタにしながら、おつまみと、お酒を大いに楽しんでもらえればと思います。

この一冊で、あなたの家を、世界の酒場に。

それでは、乾杯！

チンチン！　サルー！　ヒパヒパ！　チアーズ！

Cin-cin!

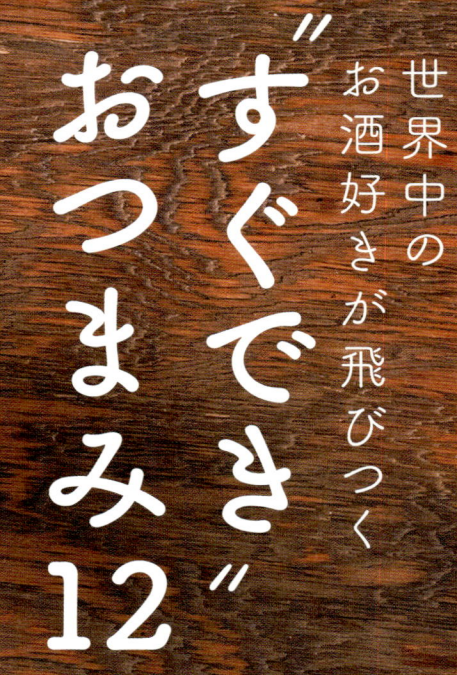

世界中の
お酒好きが飛びつく

"すぐでき"
おつまみ12

ガツンと肉 MEAT

タバカ

鶏肉の押さえ焼き

スパイスの配合が絶妙

【 材料 】2人分

鶏骨付きもも肉………2枚（約400g）
A　パプリカパウダー………大さじ1
　　おろしにんにく………小さじ1　　粉唐辛子………小さじ1
　　ターメリックパウダー、コリアンダーパウダー………各小さじ1/2
　　塩………小さじ1/2　　サラダ油………大さじ3
付け合わせのパセリ………適量

【 作り方 】

1　鶏もも肉は、厚い部分に切り目を入れて開いて、なるべく厚みを
　均一にし、肉叩きで叩いてAを混ぜたものを全体にすり込む。

2　フライパンを熱し、1を皮目を下にして入れ、フライ返しなどで押さ
　えながら5分ほど焼き、さらにふたをして弱火で5分焼く。出てきた
　油を捨て、裏返して同様に10分焼く。パセリを添える。

ワカモーレ

アボカドのディップ

ねっとりさっぱり、ちょいピリ辛

【材料】作りやすい分量

アボカド………2個
レモン汁………1/4個分
A┃トマト（さいの目切り）
　┃………1/2個分
　┃パクチー（みじん切り）………2本分
　┃玉ねぎ（みじん切り）
　┃………1/2個分
　┃カイエンヌペッパー
　┃………小さじ1/4
　┃塩………小さじ1/2
トルティーヤチップス（またはトルティーヤの生地を揚げたもの）………適量
飾りのパクチー………適量

【作り方】

1　アボカドの身をフォークなどでつぶし、レモン汁を加える。Aを加えてよく混ぜる。
2　トルティーヤチップスを添え、飾りのパクチーをのせる。

パン コン トマテ

トマト味のパンスナック

バゲットを噛むとトマトがじゅわっ

【材料】2人分

バゲット（3cm厚さに切ったもの）………4枚
ミニトマト………4個
塩………少々
オリーブオイル………30ml

【作り方】

1　バゲットをオーブントースターで焼く。ミニトマトは半分にカットする。
2　1のバゲットが温かいうちにトマトの切り口をこすりつけて中の汁をしみ込ませる。
3　塩をふり、オリーブオイルをたらす。

CANAPÉ & DIP
カナッペ＆ディップ

EUROPE ルーマニア

サラダ デ ヴィネテ

焼きなすが新感覚で楽しめる！

焼きなすのカナッペ

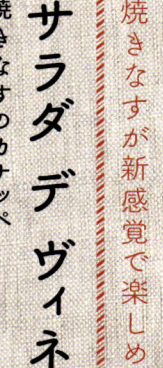

【材料】作りやすい分量

なす………1本

A　玉ねぎ（みじん切り）
　　………1/4個分
　　マヨネーズ………小さじ1
　　レモン汁………1/6個分
　　オリーブオイル………大さじ3
　　塩、こしょう………各少々

バゲット（1.5cm厚さに切ったもの）
………4枚

飾りのミニトマト、チャービル
………各適量

【作り方】

1　なすを皮のまま魚焼きグリルで焼く。表面が真っ黒になるまで焦げ目がついたら、皮をむき、粗熱をとる。

2　包丁でたたいてミンチ状にし、Aを加えてよく混ぜる。

3　バゲットを焼いた上に盛り付け、飾りのミニトマトなどをのせる。

EUROPE イギリス

スコッチ ウッドコック

イギリス紳士の気分でつまみたい

卵とアンチョビのオープンサンド

【材料】2人分

パン（サンドイッチ用）………2枚

アンチョビ（フィレ・刻む）………2枚分

溶き卵………2個分

バター（食塩不使用）………大さじ2

塩………小さじ1/4

こしょう………少々

飾りのパセリ（みじん切り）………少々

【作り方】

1　パンは耳を取り1/4にカットしてオーブントースターで焼き、バターの半量とアンチョビをそれぞれ塗っておく。

2　溶き卵に塩とこしょうを入れる。フライパンに残りのバターを熱し、溶き卵を一気に流し込んで混ぜ、スクランブルエッグを作る。

3　1のパンに2を盛り付け、飾りのパセリをふる。

お手軽

クミン香る！ シンプルなポテサラ

シャラダ バタータ

モロッコ風ポテトサラダ

【 材 料 】2人分

じゃがいも（1cm角に切る）………2個分

A　オリーブオイル………大さじ2　　レモン汁………1/8個分

　　クミンパウダー………小さじ1/2　　塩………小さじ1/2

パセリ（みじん切り）………適量

【 作 り 方 】

1　じゃがいもをやわらかくなるまで茹で、Aを加えてよく混ぜる。
　パセリをふる。

EGG & POTATO

卵好きといも好きに！

ブリック

アフリカン大ギョーザ

切ると黄身がとろーり

【材料】2人分

じゃがいも（茹でてマッシュしたもの）……2個分　　ツナ（缶詰／オイル漬け）……40g

A　クミン、コリアンダー、ターメリック、ガラムマサラ（すべてパウダー）……各小さじ1

　　塩………小さじ1/2　　こしょう………小さじ1/4

卵………2個　　春巻きの皮………2枚　　薄力粉………大さじ1（同量の水を加えてのり状にする）

揚げ油………適量　　付け合わせのレモンのくし形切り、パセリ………各適量

【作り方】

1　じゃがいも、油を切ったツナ、Aを混ぜ合わせて具を作り、2等分する。

2　春巻きの皮のふちの半分にのり状にした薄力粉を塗る。そのふちの下に「くの字形」に具を置く（春巻きの皮の中央部分に卵を割り入れられるよう、土手になるように具を置く）。

3　春巻きの皮の中央に卵を割り入れ、皮を半分に折り、のりのついたふちをしっかり押さえてとめる。

4　200℃の揚げ油にそっと入れ、きつね色になるまで揚げる。レモン、パセリを添える。

【 材料 】2人分

溶けるチーズ（シュレッドタイプ）………100g
じゃがいも………2個
生クリーム………20㎖　牛乳………40㎖
バター（食塩不使用）………15g
おろしにんにく………小さじ1/2
付け合わせのフランスパン、ブロッコリー、茹でえび、トマトなど
………各適量

【 作り方 】

1　じゃがいもは皮つきのまま茹で、熱いうちに皮をむいて、マッシャーなどでつぶす。

2　鍋にバターを熱し、おろしにんにくを入れ、香りが立ってきたら1、牛乳、生クリームを加える。

3　ひと煮立ちしたら溶けるチーズを加え、加熱しながら粘りが出るまでよく練る。付け合わせとともにいただく。

{ EUROPE フランス }

アリゴ
のびるチーズマッシュポテト

モチモチ＆とろーりが楽しい

びよーん!!

チーズラバーに！ CHEESE

唐辛子増し増しでもOK!

パクシャバ

豚肉と大根の煮込み

SPICY & HOT

辛うま煮と炒め物

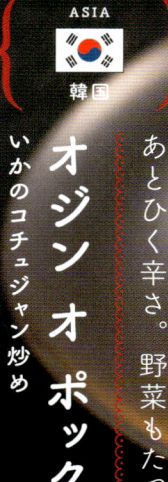

ASIA
韓国

オジンオポックム
いかのコチュジャン炒め

あとひく辛さ。野菜もたっぷり

【材料】2人分
いか（皮をむき1cm幅に切る）
………1杯分
長ねぎ（2cm厚さの斜め切り）………1/2本分
赤パプリカ（1cm幅に切る）………1/4個分
ピーマン（1cm幅に切る）………1/4個分
おろしにんにく………小さじ1/2
ごま油………大さじ1
コチュジャン………大さじ1
砂糖………小さじ1/2
粉唐辛子………小さじ1/2
塩………少々
飾りの糸切り唐辛子………適量

【作り方】
1　フライパンにごま油を熱し、おろしにんにく、長ねぎ、赤パプリカ、ピーマン、いかの順に入れて炒める。
2　塩、コチュジャン、砂糖、粉唐辛子を加えてさらに炒める。皿に盛り、飾りの糸切り唐辛子をのせる。

【材料】2人分
豚バラかたまり肉（1cm厚さに切る）
………250g
大根（1cm厚さのいちょう切り）………1/4本分
トマト（1cmの角切り）………1/2個分
玉ねぎ（くし形切り）………1/4個分
サラダ油………大さじ1
おろしにんにく、おろししょうが……各小さじ1/2
唐辛子（種を取って輪切り）………1/2本分
塩………少々

【作り方】
1　豚バラ肉を鍋に入れ、ひたひたの水を加え、ふたをして10分ほど煮込む。大根、サラダ油を加えてさらに煮込む。
2　塩以外の残りの材料を加えて、弱火で15分ほど煮込む。塩で味を調える。

こっくり派？

AMERICA

 ブラジル

ムケッカ

白身魚のココナッツ煮込み

クリーミーな海鮮シチュー

【材料】2人分

白身魚（たらなど）………2切れ　　ココナッツミルク………200㎖

玉ねぎ（薄切り）………大1個分

パプリカ（赤・黄）（5㎜幅の細切り）………各1/2個分

ピーマン（5㎜幅の細切り）………3個分

トマト（5㎜幅の細切り）………1個分　　塩、こしょう………各少々

パクチー（ざく切り・葉を1枚飾り用に取っておく）………2枝分

【作り方】

1　鍋に、玉ねぎ、赤パプリカ、黄パプリカ、ピーマン、トマト、白身魚の順
　にのせる。もう一度繰り返し、塩とこしょうをふる。

2　上からココナッツミルクを注ぎ、パクチーをのせ、鍋にふたをして弱火
　にかけて15分ほど煮込む。飾りのパクチーをのせる。

魚介はさっぱり派？

ペルー

セビーチェ

魚介のマリネ

ライム＆パクチーが爽やか

【材料】2人分

えび（茹でて殻をむく）………4尾　　スモークサーモン………8切れ

紫玉ねぎ（薄切り）………1/4個分　　トマト（薄切り）………1/2個分

パクチー（粗みじん切り・数枚飾り用に取っておく）………2本分

ライム果汁………1/2個分

オリーブオイル………大さじ2　　塩、こしょう………各少々

【作り方】

1　紫玉ねぎは、5分ほど水にさらして、辛みを取る。

2　1と残りの材料をすべて混ぜ、冷蔵庫で冷やす。皿に盛り付け、飾りのパクチーをのせる。

021　🍷🍷

ヨーロッパのおつまみ

【 この本のきまり 】

計量の単位は、大さじ1＝15㎖、
小さじ1＝5㎖です。

火加減の表記がない場合は「中火」です。

オーブンやオーブントースター、
電子レンジを使用する場合、機種によって
加熱時間が異なることがあるので、
様子を見て加減してください。

料理名は、国や地域により異なります。
この本では、著者が現地で学んだ名前で
掲載しています。

EUROPE

CHAPTER/01

ヨーロッパ
の
おつまみ 🍷

日本でもなじみ深い料理もあれば
じゃがいもや豆、ハーブなど
その使い方にお国柄が出る料理も。
チーズが大好きな国もたくさん！
ワインが欲しくなる味ばかりです。

パーティフードにぴったり

スタッフド マッシュルーム

マッシュルームの詰め焼き

【 材料 】2人分

マッシュルーム………8個
玉ねぎ（みじん切り）………1/4個分
おろしにんにく………小さじ1/2
ベーコン（細かく切る）………1枚分
バター（食塩不使用）………大さじ1
パン粉………大さじ3
パセリ（みじん切り）………大さじ1
塩、こしょう………各適量

【 作り方 】

1 マッシュルームは、軸だけをみじん切りにする。フライパンにバター小さじ1を熱し、軸と玉ねぎ、おろしにんにく、ベーコンを炒める。塩とこしょうをふる。

2 マッシュルームのかさの内側に1を詰め、パン粉、パセリのみじん切りをのせ、バターを小さじ1/4ずつのせる。

3 オーブントースターで、10分ほど焼く。

黒ビールで煮込むシチュー

ギネスシチュー

牛肉のギネス煮込み

【 材料 】2人分

牛もも肉（一口大に切る）………300g
玉ねぎ（1cm幅のくし形切り）………1個分
セロリ（乱切り）………1本分　　にんじん（乱切り）………1/2本分
にんにく（みじん切り）………1/2片分
A｜カットトマト（缶詰）………200g
　｜ギネスビール………200㎖（※1）
　｜ドライプルーン………4個　　マスタード………大さじ1
サラダ油………小さじ2　　薄力粉………適量
塩、こしょう………各適量　　飾りのイタリアンパセリ………適量

【 作り方 】

1 牛もも肉に塩とこしょうをふり、薄力粉をまぶす。フライパンに小さじ1のサラダ油を熱し、焼き色がつくまで焼く。

2 鍋に小さじ1のサラダ油を熱し、にんにくと玉ねぎを炒め、しんなりしたら1、セロリ、にんじんを加えてさらに炒める。

3 Aを加え、弱火にして30分ほど煮込み（途中で水分が少なくなったら水を足す）、塩とこしょうで味を調える。器に盛り、飾りのイタリアンパセリをのせる。

コクとほのかな苦み
これぞ大人の
ビール煮

ひと言アドバイス ギネスは、香り高くコク深いアイルランド生まれの黒ビール。なければ別の黒ビールでも（※1）

冷めてもおいしい常備菜

ピピシュ
レバーのピリ辛煮

【 材料 】2人分

鶏レバー………300 g
玉ねぎ（みじん切り）………1/2個分
にんにく（みじん切り）………2片分
オリーブオイル………大さじ1
A｜白ワイン………100㎖
　｜パプリカパウダー………大さじ1（※1）
唐辛子（種を取って輪切り）………2本分
ローリエ ………2枚
塩、こしょう………各少々

【 作り方 】

1　鶏レバーは冷水で洗い、血や汚れをていねいに取り除く。Aをよく混ぜておく。

2　鍋にオリーブオイルとにんにくを入れて弱火にかけ、香りが出てきたら玉ねぎ、唐辛子を加えてさらに炒める。

3　玉ねぎがきつね色になったら、1の鶏レバーとローリエを加えて炒める。鶏レバーの表面が色づいてきたら、塩とこしょう、Aを加えてふたをし、30分ほど煮る。

混ぜるだけ！ 冷やしてどうぞ

サラダ デ ポルヴォ
たこのサラダ

【 材料 】2人分

茹でたたこ（5mm厚さに切る）
………大きめの足1本分
A｜玉ねぎ（みじん切り）………1/8個分
　｜オリーブオイル………大さじ2
　｜酢………大さじ1
　｜レモン汁………1/8個分
　｜塩………小さじ1/2
サニーレタス………1枚
パセリ（みじん切り）………適量

【 作り方 】

1　Aを順に混ぜてドレッシングを作り、茹でたたこを入れてあえる。サニーレタスの上に盛り付け、パセリをふる。

たこ＆もつって
日本の
おつまみみたい

ひと言アドバイス パプリカパウダーには辛味があまりありません。辛味の調整は唐辛子で。（※1）

【 材料 】2人分

鶏もも肉（一口大に切る）………400g

デミグラスソース（市販品）………100ml

A｜ 赤ワイン………200ml（※1）

　｜ ローリエ………2枚

薄力粉………大さじ3　　バター（食塩不使用）………大さじ1

塩、こしょう………各適量

じゃがいも（乱切りにして茹で、分量外のバターでソテー）………4個分

にんじん（乱切りにして茹で、分量外のバターでソテー）………1本分

生クリーム、飾りのチャービル………各適量

【 作り方 】

1　鶏もも肉をAに漬け込み、冷蔵庫で2時間ほど置く。

2　1から鶏肉を取り出して汁気を拭き取り、薄力粉をまぶす。フライパンにバターを熱し、鶏肉を入れて、表面に焼き色がつくまで焼く。

3　鍋に2と1の漬け汁を入れて煮る。水分が1/3くらいになったらデミグラスソースを加え、30分ほど煮込み、塩とこしょうで味を調える。

4　じゃがいも、にんじんとともにバランスよく皿に盛り付け、生クリームをたらして、飾りのチャービルをのせる。

EUROPE

フランス

コック オ ヴァン

鶏肉の赤ワイン煮込み

ワインで煮るからワインがすすむ！

飲み残しの赤ワインが利用できる家庭料理。付け合わせはマッシュポテトでもOK。（※1）　ひと言アドバイス

さっぱりしていて
ワインにも
ぴったり

タブレ
クスクスのサラダ

つぶつぶと野菜の食感が楽しい！

【 材料 】2人分

クスクス………100㎖（※2）

オリーブオイル………大さじ1/2

A　トマト（5㎜の角切り）………1/2個分

　　きゅうり（3㎜の角切り）………1/2本分

　　紫玉ねぎ（みじん切り）………1/4個分

　　パセリ、パクチー（ともにみじん切り）………各大さじ3

B　レモン汁………大さじ1

　　オリーブオイル………大さじ1

　　塩………小さじ1/2

　　こしょう………適量

【 作り方 】

1　ボウルにクスクスとオリーブオイルを入れ、熱湯100㎖を加えてラップをかけ、10分蒸らす。ラップを開けて混ぜ合わせ、冷ましておく。

2　1にAを合わせ、Bを加えてよく混ぜる。

　ひと言アドバイス　クスクスは、粒状のパスタ。戻すとき、水分を入れすぎるとベタッとするので注意を。（※2）

おなじみのビールのお供

プラットカルトッフェルン

ジャーマンポテト

【 材料 】2人分

じゃがいも（皮付きのまま茹でる）………3個分（※1）

玉ねぎ（繊維に垂直に3mm幅の薄切り）………1/2個分（※1）

ベーコン（5mm幅の短冊切り）………2枚分

バター（食塩不使用）………大さじ1

塩、こしょう………各少々

【 作り方 】

1 茹でたじゃがいもの皮をむき、一口大に切る。

2 フライパンにバターを熱し、玉ねぎを入れてしんなりするまで炒める。ベーコンを加え、香りが立ってきたら、1のじゃがいもを加えて炒め、塩とこしょうで味を調える。

家にある材料で
すぐできそう！

イエガーシュニッツェル

山の幸ソースのカツレツ

薄めのカツを、きのこのソースで

【材料】2人分

豚ロース肉(とんカツ用)………2枚(約300g)

薄力粉、溶き卵、パン粉(※細かめのもの)………各適量

揚げ油………適量

玉ねぎ(薄切り)………1/2個分

A｜ しめじ(小房に分ける)………1/2パック分

　｜ マッシュルーム(薄切り)………5個分

　｜ しいたけ(薄切り)………3個分

生クリーム………150mℓ　　白ワイン………50mℓ

バター(食塩不使用)………30g

塩、こしょう………各適量　　飾りのパセリ(みじん切り)………適量

【作り方】

1　シュニッツェルを作る。豚ロース肉は肉叩きなどで薄くのばし、塩とこしょうをふる。薄力粉、溶き卵、パン粉を順につけて揚げ焼きにする。(※2)

2　ソースを作る。鍋にバターを熱し、玉ねぎ、Aを入れて炒め、白ワインを入れて水分が1/3量になるまで煮詰める。生クリームを加えてひと煮立ちさせ、とろりとするまで煮詰める。塩とこしょうで味を調える。

3　皿に1を盛り、2をかけて、飾りのパセリをふる。

【 材料 】2人分

鶏むね肉………1枚（約400g）
ハム………2枚
Q・B・Bベビーチーズ（プレーン）
（半分の厚さに切る）………2個分
薄力粉、溶き卵、パン粉………各適量
オリーブオイル………50㎖
バター（食塩不使用）………30g
塩、こしょう………各適量
付け合わせの茹でたブロッコリー………適量

【 作り方 】

1 鶏むね肉は2等分し、それぞれに切り目
  を入れ、塩とこしょうをふる。切り目にハ
  ムとチーズを挟んで閉じ、薄力粉、溶き
  卵、パン粉を順につける。

2 フライパンにオリーブオイルとバターを熱
  し、1を入れ、火が通るまで両面を15分
  ほど焼く。皿に盛り、茹でたブロッコリー
  を添える。

EUROPE
ベルギー

コルドン ブル
鶏肉のチーズ挟みパン粉焼き

チーズとハムでコクアップ

【 材料 】2人分

溶き卵………4個分
マッシュルーム（薄切り）
………大3個分（小なら6個分）（※1）
バター（食塩不使用）………大さじ2
塩、こしょう………各少々
パセリ（みじん切り）………適量

【 作り方 】

1 半量（1人分）ずつ作る。フライパンにバ
  ターを熱し、塩とこしょうをした溶き卵を
  流し入れ、マッシュルームをのせ、弱火
  にしてそのままかき混ぜずにおく。

2 表面が乾き、卵に火が通ったら、皿に滑
  らせるようにして盛り付け、上からパセリ
  をふる。（※1）

EUROPE
ベルギー

オムレット シャンピニオン
マッシュルームのオムレツ

きのこの香りがたまらない

EUROPE

イタリア

甘酸っぱいソースで食べるソテー

アリスタ ディ マイアーレ
アル アチェート バルサミコ

豚肉のソテー バルサミコソース

【材料】2人分

豚ロース肉（とんかつ用）……2枚（約300g）
A｜バルサミコ酢………100㎖
　｜赤ワイン………50㎖
　｜しょう油………大さじ1と1/3
オリーブオイル………大さじ2
塩、こしょう………各少々
飾りのパセリ、クレソン………適量

【作り方】

1 豚肉は筋を切り、塩とこしょうをふる。
2 フライパンにオリーブオイルを熱し、1を入れて強火で両面を焼き、皿に盛る。
3 別鍋にAを入れて弱火にかけ、とろりとするまで5分ほど煮詰める。2にかけ、飾りのパセリをふり、クレソンを添える。

白ワインが恋しくなる

EUROPE

ブルガリア

パリパリ＆クリーミー

パニッツァ

チーズパイ

【材料】2人分

A｜カッテージチーズ………200g
　｜クリームチーズ………100g
　｜溶き卵………1/2個分
　｜塩、こしょう………各適量
春巻きの皮………2枚（※2）
バター（食塩不使用）………50g

【作り方】

1 Aをよく混ぜ、春巻きの皮2枚で挟み、1cm程度の厚みになるようにする。
2 バターを耐熱容器に入れ、600Wの電子レンジに40〜50秒かけて溶かしバターを作る。
3 耐熱皿に2の半量を塗り、1を置いて上から残りの2を塗る。180℃に予熱したオーブンで約20分焼く。

ひと言アドバイス ▶ 現地では専用の薄い生地を使い、渦巻き状に作りますが、ここでは春巻きの皮で簡単に。（※2）

ガリデス サガナキ
えびのオーブン焼き

トマトとチーズで、えびのうまみ倍増！

【材料】2人分

えび（殻をむき背ワタを取る）………16尾
玉ねぎ（みじん切り）………1/2個分
ピーマン（みじん切り）………1個分
にんにく（みじん切り）………1片分
オリーブオイル………大さじ2
白ワイン………50ml
カットトマト（缶詰）………200g
溶けるチーズ（シュレッドタイプ）
………100g
塩………小さじ1/2
こしょう………少々

【作り方】

1 フライパンにオリーブオイルを熱し、にんにく、玉ねぎ、ピーマンを入れて炒め、にんにくの香りが出てきたらえびを加える。えびの色が変わったら白ワインを加え、水分がほぼなくなるまで炒める。

2 えびだけを取り出し、耐熱皿に重ならないように並べる。

3 1のフライパンにカットトマト、塩とこしょうを入れ、半量くらいになるまで煮詰める。

4 2の耐熱皿の上から3をかけ、溶けるチーズをのせて、オーブントースターで10分ほど焼く。

ムサカ
なすとひき肉の重ね焼き

なすと濃厚ソースが合う！

【材料】4人分
※作りやすい分量。約12×21×7cmの耐熱容器を使用

なす………3本
ミートソース、ホワイトソース（ともに市販品）………各200ml（※1）
溶けるチーズ（シュレッドタイプ）………200g
オリーブオイル………大さじ3～4　　塩………適量

【作り方】

1 なすは5mm厚さにスライスして塩をまんべんなくふり、30分置く。表面に水分が浮いてくるのでキッチンペーパーなどで取る。フライパンにオリーブオイルを熱し、焼き色がつくまで焼く。

2 耐熱容器になす、ミートソース、ホワイトソースのそれぞれ半量を順に重ねる。それをもう一度繰り返し、溶けるチーズをのせる。

3 240℃に予熱したオーブンで15～20分、表面に焼き色がつくまで焼く。

ハフハフの舌を
ビールやワインで
クールダウン！

ひと言アドバイス 市販のホワイトソースがゆるすぎる場合は、薄力粉小さじ1を加えて、鍋で加熱して調整を。（※1）

【 材 料 】2人分

しめじ、えのき、しいたけ(一口大に切る)………合わせて500g
カットトマト(缶詰)………200g
いんげん(半分の長さに切る)………5本分
オリーブオイル………大さじ1　　りんご酢………50㎖
砂糖………大さじ1/2　　塩、こしょう………各少々

【 作 り 方 】

1　鍋にオリーブオイルを熱し、きのこを炒める。
2　残りの材料を加えて弱火で5分ほど煮込む。冷蔵庫で冷やす。

EUROPE

ロシア

ピロシキ

ピ ロ シ キ

ロシアといえば、のおかずパン

【 材 料 】10個分

＜生地＞(※1)

A 強力粉………150g
薄力粉………50g
ベーキングパウダー………小さじ1
溶かしバター………25g
牛乳………100㎖　　水………40㎖
砂糖………小さじ1/2
塩………小さじ1/5

＜具＞

牛ひき肉………500g
玉ねぎ(みじん切り)………1/2個分
にんにく(みじん切り)………1/2片分
マッシュルーム(缶詰)(みじん切り)………50g
オリーブオイル………大さじ1
薄力粉………大さじ1　　塩、こしょう………各少々
卵液(卵黄2個と水小さじ1を混ぜる)………適量

【 作 り 方 】

1　生地を作る。ボウルにAを入れ、ひとまとまりになるまでこねる。ラップをかぶせて常温で30分程度置く。
2　具を作る。フライパンにオリーブオイルを熱し、玉ねぎ、にんにく、牛ひき肉の順に入れて炒める。
3　肉の色が変わったら、マッシュルームを加え、薄力粉をふり入れ、塩とこしょうで味を調える(途中、脂が多く出たら捨てる)。バットにあけて粗熱をとり、冷蔵庫で1時間ほど冷やす。
4　3を10等分して丸める。1を10等分し、それぞれ麺棒などで円形にのばし、具材をのせて包む。
5　上から卵液を刷毛で塗り、200℃に予熱したオーブンで15分ほど焼く。

きのこへの愛が
つまったマリネ

グリブイ
マリナート

きのこのマリネ

いくつでも
食べられそうな
〝焼き〟スタイル

　ひと言アドバイス　生地は、イーストを使わない簡略版。さっくりと軽い焼きあがりになります。（※1）

ごちそうのイギリス代表

ローストビーフ

ロ ー ス ト ビ ー フ

【 材料 】作りやすい分量

牛ももかたまり肉………500g

A｜赤ワイン………100㎖
　｜玉ねぎ（乱切り）、にんじん（乱切り）………各1/2個分
　｜セロリ（乱切り）………1/2本分

サラダ油………30㎖　　塩、こしょう………各適量

付け合わせの茹でたじゃがいものソテー、茹でたにんじんのソテー、
クレソン………各適量

【 作り方 】

1　牛もも肉をAに漬け込み、冷蔵庫に入れて一晩置く。

2　牛もも肉を取り出して汁気を拭き取り、塩とこしょうをすり込む。漬け汁
　　は残しておく。

3　フライパンにサラダ油を熱し、2を入れて、強火で周囲に焼き色をつけ
　　る。弱火に落としてふたをし、15〜20分焼く。火を止めてそのまま10
　　分置く。（※1）

4　ソースを作る。3のフライパンに残った油を拭き取り、2の漬け汁を入れ
　　て火にかける。1/3量くらいまで煮詰めて塩とこしょうで味を調える。

5　3を薄く切り、付け合わせとともに盛り付け、4のソースを添える。

ロゼ色の焼き加減で
しっと〜りやわらか

とろりとした
ソースがぴったり

スイス

白身魚のバター焼き

フィレ ド ペルシュ

淡白な魚もソースでひきたつ

【 材料 】2人分

白身魚（たらなど）………2切れ （※2）

ズッキーニ（5mm厚さの輪切り）………8枚分

トマト（1cmの角切り）………1/2個分

薄力粉………大さじ2

バター（食塩不使用）………大さじ3

白ワイン………大さじ3

塩、こしょう………各少々

飾りのパセリ（みじん切り）………少々

【 作り方 】

1 白身魚に塩とこしょうをし、薄力粉をまぶす。

2 フライパンにバター大さじ1を熱し、ズッキーニを入れて焼き、皿に盛り付ける。

3 残りのバターを熱して白身魚を入れ、両面を焼いて、2の上に盛る。同じフライパンに白ワインとトマトを入れて、半量になるくらいまで煮詰めてソースにし、上からかける。飾りのパセリをふる。

ひと言アドバイス　もともと湖でとれるペルシュという淡水魚を使ったのがはじまり。ここではたらを使用。（※2）

スタムポット

じゃがいもとにんじんのサラダ

スモークソーセージをトッピング！

【 材料 】2人分

じゃがいも（皮をむき、適当な大きさに切る）………3個分
ブロッコリー（みじん切り）………75g
にんじん（みじん切り）………20g
ベーコン（1cm幅に切る）………15g
スモークソーセージ………2本（※1）
牛乳………50ml　　　バター（食塩不使用）………10g
ナツメグ………小さじ1/4　　　塩、こしょう………各適量
飾りのイタリアンパセリ………適量

【 作り方 】

1　じゃがいもは水から茹で、やわらかくなったら湯だけ捨てて再び火にか
　　け、水分を飛ばす。ブロッコリーとにんじんもやわらかくなるまで茹でる。

2　鍋にバターを熱し、ベーコンを炒める。1のブロッコリーとにんじんを加
　　えて炒め合わせる。

3　2にじゃがいもと牛乳を合わせてマッシュし、塩とこしょう、ナツメグを加
　　えて味を調える。

4　皿に盛り付け、茹でたスモークソーセージと飾りのイタリアンパセリを
　　のせる。

カラフルで
ボリュームアリ！

いろんなトッピングを
工夫できそう

EUROPE

オランダ

厚焼きクレープ

パンネンクーケン

ピザ風のモチモチクレープ

【 材料 】2人分（クレープ4枚分）

A　卵………1個
　　強力粉、薄力粉………各50g
　　もち粉………30g（※2）
　　ベーキングパウダー………小さじ1/4
　　牛乳………300㎖
　　塩………小さじ1
ロースハム（5mm幅に切る）………4枚分
溶けるチーズ（シュレッドタイプ）………200g
サラダ油………大さじ1
パセリ（みじん切り）………少々

【 作り方 】

1　ボウルにAを入れて混ぜ、ザルで漉す。

2　フライパンにサラダ油を熱し、1の1/4量を丸く流し込んで、両面焼く。
　　これを4回繰り返す。

3　2をオーブントースターの天板に移し、上にロースハムと溶けるチーズ
　　をのせ、チーズが溶けるまで焼く。パセリをふる。

ひと言アドバイス　クレープをモチモチ食感にするのが、もち米を乾燥させて粉にしたもち粉。なければ薄力粉で代用を。（※2）

さっぱり食べる豆サラダ

エンサラータ ディ ガルバンゾ

ひよこ豆のマリネ

【 材 料 】2 人分

ひよこ豆（水煮詰・缶汁は切る）………200g（※1）

オリーブオイル（エキストラバージン）………50㎖

コリアンダーシード………10粒

おろしにんにく………小さじ1/2

唐辛子（種を取って輪切り）………1/2本分

塩、こしょう………各適量

パセリ（みじん切り）………適量

【 作 り 方 】

1　パセリ以外の材料をすべて混ぜ合わせる。パセリを最後にふる。

ほくっとピリ辛！

ヨーロッパやアフリカでよく使われるひよこ豆。乾燥した豆の茹で方は P.66 参照。冷凍保存も可。（※1）　ひと言アドバイス

EUROPE

スペイン

スペインバルの大定番

ガンバス アル アヒージョ

えびのガーリックオイル煮

【 材料 】2人分

えび（殻をむく）………16尾
オリーブオイル………90mℓ
にんにく（薄切り）………1片分
唐辛子（種を取って輪切り）………1/2本分
パプリカパウダー………小さじ1（※2）
塩………小さじ1/2
パセリ（みじん切り）………小さじ1
バゲット（好みで）………適量

【 作り方 】

1　えびに塩をふっておく。

2　スキレット（または小さめのフライパン）にオリーブオイル、にんにく、唐辛子を入れて熱し、にんにくが色づいたらえびを加えて混ぜながら火を通す。

3　パプリカパウダーを入れて火を止め、よく混ぜる。仕上げにパセリをふる。好みでバゲットをつけていただく。

ひと言アドバイス　▶　オイルの赤い色はパプリカパウダーのもの。辛味はあまりなく、風味が増します。（※2）

デンマーク

スモブロー
カナッペ

のせるだけのおしゃれなメニュー

【 材料 】2人分

ライ麦パン
（または黒パン、サンドイッチ用パン）
………6切れ
生ハム、スモークサーモン………各2枚
ゆで卵（8等分のくし形切り）………2個
ミニトマト（4等分にする）………1個分
きゅうりのピクルス（薄切り）
………2切れ
マヨネーズ………小さじ1
ベビーリーフ、チャービル、ディル
（すべて好みで）………各適量

【 作り方 】

1 パンの上に、生ハムと卵、スモークサー
　 モンとピクルスなど好みの材料をのせ
　 る。マヨネーズも好みでのせる。

> トッピングは
> センスよく！

EUROPE

ポーランド

プラツキ
じゃがいものパンケーキ

モチモチ食感のおかずケーキ

【 材料 】2人分（4枚分）

じゃがいも ………大2個
玉ねぎ ………1個
溶き卵 ………1個分
薄力粉 ………大さじ1
塩、こしょう………各少々
付け合わせのベビーリーフ………適量

【 作り方 】

1 じゃがいもをすりおろし、布巾に包んで
　 水気をしぼる。絞り汁大さじ1を取ってお
　 く。（※1）
2 玉ねぎをすりおろして1のじゃがいもと合
　 わせ、溶き卵、薄力粉、じゃがいもの絞り
　 汁を加え、塩とこしょうを加える。
3 フッ素樹脂加工のフライパンを弱火で
　 熱し、3の1/4量を丸く広げて入れ3分
　 ほど焼き、裏返して3分ほど焼く。残りも
　 同様に焼く。ベビーリーフを添える。

EUROPE
ノルウェー

サーモンソテー
サーモンのバターソテー

焼けたバターの風味がたまらない

【 材 料 】2人分
生鮭………2切れ
薄力粉………適量
バター（食塩不使用）………大さじ2
塩、こしょう………各少々
ほうれん草（茹でて大さじ1のバターでソテー）
………1/2束分

【 作 り 方 】
1 生鮭に塩とこしょうをふり、薄力粉をまん
べんなくまぶす。
2 フライパンにバターを熱し、1を入れて両
面5分ずつ焼く。皿にほうれん草のソ
テーを盛り、上に鮭をのせる。

EUROPE
スウェーデン

ヤンソン フレステルセ
じゃがいもとアンチョビのグラタン

「ヤンソンの誘惑」の名でおなじみ

【 材 料 】2人分
※10×20×8cmの耐熱容器を使用
じゃがいも（くし形切り）………3個分
玉ねぎ（薄切り）………1/2個分
アンチョビ（細かく刻む）………10g（※2）
バター（食塩不使用）………大さじ1
A｜ 牛乳………200mℓ
　｜ 生クリーム………100mℓ
パセリ（みじん切り）………少々

【 作 り 方 】
1 フライパンにバターを熱し、玉ねぎをしん
なりするくらいまで炒める。
2 耐熱容器にじゃがいもの半量を入れ、1
とアンチョビをのせ、残りのじゃがいもを
のせる。
3 鍋にAを入れて沸騰直前まで温め、2に
注ぐ。200℃に予熱したオーブンで焼き
色がつくまで30分ほど焼く。パセリを振る。

ひと言アドバイス 塩分はアンチョビのみですが、足りなければ塩を少々足しても。（※2）

ローカル系！ ひとくせありカクテル

おしゃれな定番から面白トッピング入りまで

ヨーロッパはお酒文化が発展し、ワインやビールの他リキュールやスピリッツの種類も豊富。それらを使った定番カクテルから、お国柄たっぷりの個性派カクテルまでを紹介。

ちょっぴり危険な香り
禁断の酒のカクテル

【 材料と作り方 】
氷を入れたグラスに「アブサン」30㎖を入れ、ソーダで満たした後、ステアする。

ニガヨモギなどのハーブを使ったリキュール「アブサン」は、メントール系の独特な香りがし、アルコール度が40〜70％と高め。ニガヨモギに幻覚作用があるとして、製造中止になった時期もあるといういわくつき。ここではさっぱりとしたソーダ割りに。

ナッツの香りとほのかな甘み
ベリョータ（どんぐり）ソーダ

【 材料と作り方 】
氷を入れたグラスに「リコール デ ベリョータ」（どんぐりリキュール）30㎖を入れ、ソーダで満たした後、軽くステアする。

イベリコ豚が食べるどんぐり「ベリョータ」の名を持つ、スペインではおなじみのリキュール。その名のとおりどんぐりエキス入りで、ナッツの香りがする甘口。ソーダで割ると飲みやすい！

アペロール オレンジ

ヨーロッパで大人気

【 材料と作り方 】
氷を入れたグラスに、「アペロール」30㎖を入れ、オレンジジュースを満たし、軽くステアする。カットしたオレンジを飾る。

オレンジやハーブを使った「アペロール」は、イタリアを代表するリキュール。柑橘系の爽やかな甘さがあり、後口もさっぱり。ソーダ割りにして、アペリティーボ（食前酒）にぜひ。

デビル

唐辛子入りの刺激的な味

【 材料と作り方 】
氷を入れたグラスに、ミントリキュール30㎖、ブランデー15㎖を入れ、ソーダを満たしてステアする。粉唐辛子小さじ1/2をふる。

ブランデーのコクに爽やかなミントの香りのカクテルに、唐辛子をトッピング！　ピリッと刺激的で、後口はさっぱり。こってりした料理の後に飲むとよさそう。

【 材料と作り方 】
氷を入れたグラスにウォッカ30㎖、ライムジュース15㎖を入れ、ソーダを満たしてステアする。薄切りのきゅうり6枚を入れる。

キューカンバーサンドイッチが有名なイギリスは、水やカクテルにもきゅうりを入れる、きゅうり愛に溢れた国。こちらはウォッカリッキーにきゅうりをイン。後口はそう、きゅうり！

キューカンバー

きゅうり入りカクテル

【 材料と作り方 】
耐熱グラスにリモンチェッロ30㎖を入れ、お湯を注いで軽く混ぜ、レモンスライスを飾る。

イタリアの伝統的なリキュール、リモンチェッロ。レモンの皮のほろ苦さと爽やかさがあり、甘くとろりとした口当たり。食後酒としてそのまま、ソーダ割りにしてさっぱり、と楽しみ方もさまざま。寒い日はホットにすると、体が温まる。

ホット リモンチェッロ

冷える夜にはこちら

「スコッチ」って
イギリスだ！

みんな大好き 世界のコロッケ

おつまみにお惣菜にと、どこでも大人気。材料と中身に、その国らしさが表れます。

LOVE ♥
CROQUETTE

簡単だけど
くせになる味

EUROPE

アルバニア

チフチ

ミント入りチーズコロッケ

ご飯とミントがマッチ

【 材料 】6個分

ご飯（あたたかいもの）
………350g

A｜ミント（葉のみをみじん切り）
　　………4枝分
　　パルメザンチーズ（粉）
　　………大さじ3
　　塩………小さじ1/2

衣（薄力粉、溶き卵、細かめのパン粉）、揚げ油、パセリ
………各適量

【 作り方 】

1　ご飯にAを入れて混ぜる。6等分して丸め、衣をつける。

2　180℃の揚げ油で5分ほど揚げる。パセリを添える。

脂が少なめの合びき肉のほうが、肉だねが身割れせず、茹で卵とも剝がれにくくなります。（※1）

ひと言アドバイス

046

懐かしくも新しい

スコッチエッグ
スコッチエッグ

【 材料 】6個分

A 合びき肉………400g（※1）
玉ねぎ（みじん切り）………1/4個分
溶き卵………1/2個分
薄力粉………大さじ2
ナツメグ………小さじ1/2
塩………小さじ1/2
こしょう………少々

茹で卵（薄力粉をまぶす）………小6個
衣（薄力粉、溶き卵、パン粉）、揚げ油
………各適量
ウスターソース、付け合わせのサニーレタス、ミニ
トマト………適量

【 作り方 】

1 ボウルにAを入れて粘りが出るまで混ぜ、6等
分する。

2 1で茹で卵を包み、全体を卵形に成形し、衣
をつけて180℃の揚げ油で、6分ほど揚げる。

3 好みでウスターソース、野菜などを添える。

かじると
中からチーズが！

リゾットをリメイク！

アランチーニ
ライスコロッケ

【 材料 】8個分

P.122〜123のトマトリゾット
………450g（※2）
モッツァレラチーズ
（10等分する）………100g
衣（薄力粉、溶き卵、パン粉）、
揚げ油（できればオリーブオイル）、
ミニトマト、レモン、ベビーリーフ
………各適量

【 作り方 】

1 冷えたトマトリゾットを10等
分し、中央にモッツァレラ
チーズを入れて、ピンポン玉
大に丸める。

2 衣をつけ、180℃の揚げ油で
揚げる。レモンなどを添える。

 ひと言アドバイス　リゾットをわざと多めに作って、翌日はコロッケに。中のチーズはなんでもOK。（※2）

ターメーヤ
そら豆のコロッケ

ポクポク、ほろ甘な新食感！

こっくり、トロトロ

【※茹でてマッシュしたそら豆】さやから取り出したそら豆を、塩少々を入れた湯で5分ほど茹でる。皮を黒い部分から手早く剥き、マッシャーなどでつぶす。

割ると中はそら豆色！

ビターバレン
牛肉のコロッケ

牛肉とクリームの〝親子〟コロッケ

【 材料 】10個分
牛ひき肉………200g
玉ねぎ（みじん切り）………1/4個分
にんじん（みじん切り）………1/4本分
にんにく（みじん切り）………1/2片分
ホワイトソース（市販品）………200g（※1）
薄力粉………大さじ1強
バター（食塩不使用）………10g
衣（薄力粉・溶き卵・細かめのパン粉）、
揚げ油、付け合わせのベビーリーフ
………各適量

【 作り方 】
1 フライパンにバターを熱し、にんにく、玉ねぎ、にんじんを入れて炒める。しんなりしたら牛ひき肉を加え、色が変わるまで炒める。
2 鍋にホワイトソースを入れて温め、1を加えてよく混ぜ、火を止める。粗熱がとれたら、冷蔵庫に入れて2時間ほど冷やす。（※1）
3 10等分して丸め、衣をつけて180℃の揚げ油で揚げる。ベビーリーフなどを添える。

ホワイトソースを使ったたねは、よく冷やして成形すること。衣をつけるときに扱いやすくなります。（※1）

たらの風味を
しっかり感じる

【 材料 】10個分

茹でてマッシュしたそら豆
………皮つきで500g（※）
玉ねぎ（みじん切り）………1/4個分
にら（みじん切り）………1/6束分
サラダ油………大さじ1
A｜コリアンダーパウダー
………小さじ1
溶き卵………1/4個分
強力粉（なければ薄力粉）
………大さじ3
塩、こしょう………各少々
黒ごま………適量　　揚げ油………適量

【 作り方 】

1　フライパンにサラダ油を熱し、玉ねぎと
　　にらをしんなりするまで炒め、冷ます。
2　ボウルに1とマッシュしたそら豆を入れ、
　　Aを加えてよく混ぜ、10等分する。サラ
　　ダ油（分量外）を手につけて、丸く形を
　　整え、周囲に黒ごまをまぶす。
3　200℃の揚げ油で揚げる。

EUROPE

ポルトガル

パステル デ バカリャウ

たらのコロッケ

本来は干しだらですが、たらで代用

【 材料 】8個分くらい

たら………1切れ（※2）
A｜茹でてマッシュしたじゃがいも
………200g
玉ねぎ（みじん切り）
………1/4個分
パセリ（みじん切り）………5g
溶き卵………1/2個分
塩………小さじ1/2
こしょう………少々
揚げ油、付け合わせのパセリ
………各適量

【 作り方 】

1　たらは、5分ほど茹でて、骨や皮を
　　取り除いて身をほぐし、Aと混ぜる。
2　水で濡らしたスプーン2本でラグ
　　ビーボール形に成形し、180℃の
　　揚げ油で揚げる。パセリを添える。

世界の人たちのお酒の飲み方

Drinking Alcohol

お酒と料理（おつまみ）がぴったりとマッチすることを「マリアージュ（フランス語で、結婚や婚姻の意味）」といいますが、これに並々ならぬこだわりを持っているのが、ヨーロッパの人たち。

ワインの本場・フランスはもちろんですが、特にドイツでは、ジャーマンポテトにはビール、白ソーセージにはリースリングワイン……と、鉄板の組み合わせにこだわる傾向があります。

朝からカフェでビールを飲むチェコ、ランチでワインを飲むフランスなど、もともと、お酒が好きで体質的にも強い人が多いせいか、さまざまな公的機関の調査でも、1人当たりのアルコール消費量の上位は、ほぼヨーロッパの国々で占められています。

一方、イスラム圏では、お酒を飲まない（飲めない）国もあり（観光客には許されていたり、中には隠れて飲んでいる人もいるようですが）、そういう場所では、お酒好きな私は、ちょっと過ごしづらいですね。

しかし、どんな国でも、日本人のように、お酒を飲みすぎて悪酔いしたり、外でくだを巻いたりする人は、ほとんど見かけません。お酒は、楽しく飲める範囲でほどほどに、を心がけましょう！

AMERICA

CHAPTER/02

アメリカ
の
おつまみ 🍷

北米・中米・南米からなるアメリカエリアは
がっつりおなかにたまりそうな豪快な料理がたくさん！
現地の屋台で食べられている
スナック系も紹介しています。
ビールやウイスキー、ラムとどうぞ。

サクサク食感であとをひく

フライドオクラ
オクラの天ぷら

【 材料 】2人分

オクラ（2cm厚さの輪切り）
………8本分

A　コーンフラワー………大さじ1（※1）
　　ガーリックパウダー（あれば）
　　………小さじ1/2
　　薄力粉………大さじ3
　　塩………小さじ1/8
　　こしょう………少々

揚げ油………適量

【 作り方 】

1　Aをボウルに入れて混ぜ、水約50mlを少しずつ加えて天ぷら衣くらいの固さにする。オクラにつけて180℃の揚げ油でこんがりと色づくまで揚げる。

箸休めにぴったりのサラダ

コールスロー
キャベツのサラダ

【 材料 】2人分

キャベツ（2cm幅の短冊切り）
………1/8個分
にんじん（太めの千切り）
………1/4本分
玉ねぎ（粗みじん切り）
………1/2個分
オリーブオイル………大さじ1
りんご酢（またはワインビネガー）
………大さじ3
砂糖………大さじ1
塩………小さじ1/2

【 作り方 】

1　材料をすべて混ぜ合わせ、軽くもむ。

さっと作れて
無限ループで
食べられる!

ケイジャンポップコーン

えびのハーブ揚げ

【材料】2人分

えび（殻をむき背ワタを取る）
………6尾
A　薄力粉………50g
　　ドライタイム、ドライオレガノ
　　………各大さじ1
B　卵………1個
　　牛乳………30㎖
　　薄力粉………50g
塩、こしょう………各適量
揚げ油………適量
タルタルソース（市販品）、パセリ
………各適量

【作り方】

1　えびは、水気をキッチンペー
　　パーで拭き取り、塩とこしょう
　　で下味をつける。Aをよく混
　　ぜてえびにまぶす。

2　Bを混ぜ、1につけて、180℃
　　の揚げ油で揚げる。

3　皿に盛り、好みでパセリを
　　ふったタルタルソースをつけ
　　て食べる。

ひと言アドバイス　コーンフラワーはトウモロコシをひいた粉。製菓・製パン売り場に置いてある場合も。（※1）

ウエボス ア ラ メヒカーナ

メキシカン スクランブルエッグ

野菜たっぷり、ピリ辛の卵

【 材料 】2人分

溶き卵………4個分
トマト、玉ねぎ………各1/2個
にんじん………1/4本
ピーマン………大1個
オリーブオイル………大さじ3
カイエンヌペッパー………小さじ1/4
塩………小さじ1/2

【 作り方 】

1　野菜はすべて6mmの角切りにする。この
　うち、にんじんはさっと茹でておく。
2　フライパンにオリーブオイルを熱し、溶き
　卵を入れて混ぜ、粗めのスクランブル
　エッグにする。1の野菜、塩、カイエンヌ
　ペッパーを入れ、玉ねぎが透きとおるま
　で炒める。

セルド ア ラ ビナグレッタ

豚肉のビネグレットソース

ドレッシングでさっぱり味に

【 材料 】2人分

豚ロースかたまり肉………200g
玉ねぎ（半量を乱切り、半量を薄切り）
………1/2個分
A　酢………50mℓ（※1）
　　オリーブオイル………30mℓ
　　おろしにんにく………小さじ1/4
にんじん（千切り）………1/4本分
パクチー（みじん切り）………2本分

【 作り方 】

1　鍋に豚ロース肉、玉ねぎの乱切り、湯
　500mℓを入れ、30分ほど茹でて自然に
　冷ます。豚ロース肉を取り出し、5mm厚さ
　に切って皿に盛り付ける。
2　Aをよく混ぜて1に回しかけ、玉ねぎの薄
　切り、にんじん、パクチーをのせる。

暑い時期に
ぴったり

ひと言アドバイス 酢は、穀物酢ならなんでも OK。りんご酢や白ワインビネガーでも。（※1）

ジャーク ポーク

豚肉のスパイス焼き

甘酸っぱく香り高いタレが決め手！

【 材料 】2人分

豚ロース肉（とんカツ用）………2枚（約300g）

A（※1）
- 玉ねぎ（すりおろす）………1/2個分
- おろしにんにく、おろししょうが………各小さじ1/2
- オレンジジュース………100ml
- ライム果汁………大さじ1
- オリーブオイル………大さじ2
- カイエンヌペッパー、クミンパウダー、パプリカパウダー、ドライタイム、ドライパセリ………各小さじ1/2
- 砂糖………大さじ1　　　塩………小さじ1
- こしょう………小さじ1/2

【 作り方 】

1　Aをよく混ぜ（ミキサーにかけてもよい）、豚ロース肉を漬け込んで、冷蔵庫に入れて30分ほど置く。

2　240℃に予熱したオーブンで約10分、こんがり焼き色がつくまで焼く。

がっつり肉！
しかもジューシー

材料が多そうに見えますが、混ぜて豚肉を漬けるだけ。肉は鶏肉でもおいしくできます。（※1）　ひと言アドバイス

アイタルシチュー

豆と野菜のシチュー

ほっこりやさしい菜食シチュー

【 材料 】2人分

キドニービーンズ（水煮缶・缶汁含む）………200g

ココナッツミルク………400㎖

玉ねぎ（粗みじん切り）………小1/2個分

A ┃ 長ねぎ（5mm厚さの輪切り）………1/2本分
　┃ じゃがいも（一口大に切る）………1個分
　┃ にんじん（5mm厚さの半月切り）………1/2本分
　┃ かぼちゃ（一口大に切る）………50g

オクラ（5mm厚さの輪切り）………4本

オリーブオイル………大さじ2　　おろしにんにく………小さじ1

B ┃ ローリエ………1枚　　ドライタイム………小さじ1/2
　┃ オールスパイス………小さじ1/2

塩………適量　　黒こしょう………小さじ1/2

【 作り方 】

1　鍋にオリーブオイルを熱し、玉ねぎとにんにくを入れて炒め、Aを加えてさらに炒める。

2　ココナッツミルク、キドニービーンズ、オクラ、Bを加え、弱火で20分煮込む。塩と黒こしょうで味を調える。（※2）

チレ レジェーノ

ピーマンの詰め物焼き

大きいピーマンにチーズぎっしり

【 材料 】2人分

ピーマン………大2個（小さいものなら4個）（※1）

A｜クリームチーズ、溶けるチーズ（シュレッドタイプ）
　　………合わせて100g
　　玉ねぎ（みじん切り）………1/2個分
　　塩、こしょう………各少々

卵白………2個分

サラダ油………大さじ2

トマトソース（市販品）………200㎖※手作りする場合はP.128参照。

【 作り方 】

1 ピーマンを直火で（魚焼きグリルでも可）、表面が黒くなるくらいまで焼く。粗熱がとれたら焦げた皮の部分を取り除き、縦に切り目を入れて種を取り出す。

2 Aを混ぜ合わせ、1のピーマンの切り目から詰める。

3 卵白をつのが立つくらいまでしっかりと泡立てる。2の周りにたっぷりつけ、サラダ油を熱したフライパンに入れてこんがりと焼く。上からトマトソースをたっぷりかける。

溢れ出るチーズで
やけどに注意！

グアテマラ

ウエポス ランチェロス

トルティーヤの目玉焼きのせ

ピリ辛のサルサソースをのせて

【 材料 】2人分
トルティーヤの皮（市販品）………2枚
サルサソース………大さじ3　　卵………2個
オリーブオイル………大さじ2　　飾りのパクチー（みじん切り）………適量

〈サルサソース〉作りやすい分量
A　トマト（5mmの角切り）………1個分
　　ピーマン（みじん切り）………1/2個分
　　玉ねぎ（みじん切り）………1/4個分
　　青唐辛子（粗みじん切り）………1本分（※2）
　　にんにく（みじん切り）………1片分
　　パクチー（粗みじん切り）………2本分
　　レモン汁………1/4個分　　塩………小さじ1/2
　　チリパウダー（好みで）………適量

【 作り方 】
1　Aをすべて混ぜてサルサソースを作る。
2　フライパンにオリーブオイルを入れ、トルティーヤをのせて火にかける。温まったら上に卵を割ってのせる。サルサソースをかけ、フライパンにふたをして卵に火を通す。飾りのパクチーをのせる。

　ひと言アドバイス　辛みの強い青唐辛子（ハラペーニョ）のかわりに、ハラペーニョの酢漬けやピーマンでも。（※2）

ダブルス
ひよこ豆の揚げパン

スパイシーな皮と具がやみつきに

【 材料 】8個分

〈生地〉

A	強力粉………150g	薄力粉………50g
	ベーキングパウダー………小さじ1	
	ターメリック、砂糖………各小さじ1/2	
	牛乳………100㎖	溶かしバター………25g
	塩………小さじ1/5	水………40㎖

カットトマト（缶詰）………200g　　　ひよこ豆（水煮缶・缶汁含む）………400g

玉ねぎ（みじん切り）………1/2個分

オリーブオイル………大さじ2　　　カレー粉………大さじ1

塩、こしょう………各小さじ1/2　　　揚げ油………適量

【 作り方 】

1　生地を作る。ボウルにAを入れて、ひとまとまりになるまでこねる。ラップをかぶせて常温で30〜60分置く。

2　鍋にオリーブオイルを熱し、玉ねぎを入れてしんなりするまで炒める。カットトマト、ひよこ豆を加えてひと煮立ちしたら弱火にし、カレー粉、塩、こしょうを加え、アクをとりながら水分がなくなるまで煮込む。

3　1を8等分し、麺棒などで直径15㎝の円形にのばす。180℃の揚げ油で、5分ほど両面をこんがり揚げる。2の具を挟む。（※1）

豆が溢れても
気にしない！

アルゼンチン版
万能タレで

AMERICA

アルゼンチン

チョリソードッグ

チョリパン

パクチー入りソースがポイント

【 材料 】2人分

ドッグパン………2本　　チョリソー………2本
チミチュリソース………大さじ2　　サラダ油………適量

〈チミチュリソース〉作りやすい分量（※2）

A｜玉ねぎ（みじん切り）………1/2個分
　｜パセリ（みじん切り）………ひとつかみ
　｜おろしにんにく………小さじ1/2
　｜シェリービネガー（なければ穀物酢）………大さじ2
　｜オリーブオイル………大さじ2
　｜オレガノ、カイエンヌペッパー、クミン、黒こしょう
　｜（すべてパウダー）………各小さじ1/2
　｜パクチー（みじん切り）………小さじ1/2

【 作り方 】

1　Aをすべて混ぜ、チミチュリソースを作っておく。

2　フライパンにサラダ油を熱し、チョリソーを入れて炒める。ドッグパンは、中央に切り目を入れてオーブントースターで温める。切り目にチミチュリソースを入れ、チョリソーを挟む。

　ひと言アドバイス　アルゼンチンではポピュラーなチミチュリソース。焼いた肉や白身魚にかけるのもおすすめ。（※2）

【材料】2人分

ドッグパン‥‥‥‥2本
ローストポーク（市販品）‥‥‥‥4枚（※1）
ロースハム‥‥‥‥4枚
スライスチーズ‥‥‥‥2枚
きゅうりのピクルス（薄切り）‥‥‥‥4枚
バター（食塩不使用）‥‥‥‥大さじ2
マスタード‥‥‥‥大さじ1

【作り方】

1 ドッグパンは、横から切って厚みを半分にし、切り口にマスタードを塗る。ローストポーク、ロースハム、スライスチーズ、ピクルスを挟む。

2 フライパンにバターを熱し、1を並べて入れ、フライ返しなどで上から軽く押さえながら、両面に焼き色がつくまで焼く。

AMERICA
キューバ

キューバサンド
ローストポークのサンドイッチ

プレスしながら焼くボリュームサンド

【材料】2人分

牛ひき肉‥‥‥‥200g
じゃがいも（小さめのくし形切り）
‥‥‥‥1/2個分
玉ねぎ（みじん切り）‥‥‥‥1/2個分
にんにく（みじん切り）‥‥‥‥1/2片分
トマト（1cmの角切り）‥‥‥‥1個分
オリーブオイル‥‥‥‥大さじ3〜4
唐辛子（種を取って輪切り）‥‥‥‥1本分
塩、こしょう、シナモンパウダー‥‥‥‥各少々

【作り方】

1 フライパンにオリーブオイルを熱し、にんにくと玉ねぎを入れて炒める。玉ねぎが透きとおってきたら牛ひき肉を加え、肉の色が変わるまで炒める。

2 じゃがいも、トマト、唐辛子を加えて炒め、塩とこしょうで味を調える。シナモンパウダーを加え、水分を飛ばすように炒める。あればパセリ（みじん切り／分量外）をふる。

AMERICA
キューバ

ピカティージョ
じゃがいもとひき肉の炒め物

シナモン＆唐辛子入り肉じゃが

ローストポークは、厚切りベーコンにかえても。今回はP.56の「ジャークポーク」を活用。（※1）　ひと言アドバイス

AMERICA

ブラジル

まっ黒な見た目もユニークな国民食

フェイジョアーダ
黒豆の煮込み

【材料】2人分

黒豆………100g
（300mℓの水に一晩つけておく）（※2）
豚こま切れ肉（一口大に切る）………50g
玉ねぎ（粗みじん切り）………1/2個分
にんじん（半月切り）………1/2本分
オリーブオイル………大さじ1
にんにく（みじん切り）………1片分
しょうがのしぼり汁………大さじ1
塩、こしょう………各少々

【作り方】

1 黒豆を戻し汁ごと鍋に入れて火にかけ、やわらかくなるまで30分ほど煮る。

2 別鍋にオリーブオイルとにんにくを入れて熱し、香りが出てきたら、豚こま切れ肉、玉ねぎ、にんじんを加えて5分ほど炒める。

3 1を汁ごと加え、ひと煮立ちしたらアクをとり、弱火で20分煮る。しょうがのしぼり汁を入れ、塩とこしょうで味を調える。パセリをふったライス（分量外）にかけても美味。

AMERICA

ブラジル

超お手軽！ チーズ春巻き

パステル
揚げ春巻き

【材料】2人分

春巻きの皮（1/4に切る）………2枚分
ハム（粗みじん切り）………1枚分
溶けるチーズ（シュレッドタイプ）………大さじ2
オレガノパウダー………小さじ1/2
塩………少々
薄力粉………大さじ1
（同量の水を加えてのり状にする）
揚げ油………適量

【作り方】

1 ハム、溶けるチーズ、オレガノ、塩を加えて混ぜる。春巻きの皮に均等にのせて包み、のり状にした薄力粉をふちに塗ってとめて、180℃の揚げ油で揚げる。

皮も中身も
シンプル！

ロマンチック系もいわくつきもアリ！

定番＆酒好きのぐび飲み系カクテル

最近、注目を集めている濃厚な味の南米系、アウトドアで楽しめそうなライト系など振り幅広めに紹介します。

【 材料と作り方 】
グラスにライム1/4個、砂糖小さじ1を入れて、スプーンやマドラーなどで押してつぶすようにする。氷を入れて「カシャーサ」30〜40mℓを入れて軽くステアする。

サトウキビを原料としたブラジルの蒸留酒「カシャーサ」。アルコール度40％の重めの口当たりで、爽やかなライムとの相性が抜群。それらを使ったカイピリーニャは、世界中で大人気。

人気急上昇中！
カイピリーニャ

【 材料と作り方 】
氷を入れたグラスに、ホワイトラム30mℓ、ジン10mℓ、「チンザノ ドライ」10mℓ、ライムジュース10mℓを入れ、ソーダで満たした後、軽くステアする。

スペイン語で「さらば 友よ」の意。恋人と一緒のときに注文すると「友ではなくなる＝妻や夫になる」という意味になるとか、ならないとか。ちなみに味は甘くなく、さっぱりドライな後口。

プロポーズに使えるカクテル！？
アディオス アミーゴ

【材料と作り方】

氷を入れたグラスにジン30㎖を入れ、オレンジジュースで満たした後、ステアする。

アメリカの禁酒法の時代に、お酒の香りをごまかすためにオレンジジュースを入れたのが始まりとされる。口当たりがよく飲みやすいので、飲みすぎにはご注意を。

塩なしでもいい味

ブルドッグ

【材料と作り方】

氷を入れたグラスにウォッカ30㎖を入れ、グレープフルーツジュースで満たした後、軽くステアする。

バーでは定番のカクテル、ソルティドッグのグラスのふちに塩をつけないバージョンがこちら。さっぱりした味わいで、カジュアルに楽しめるので、うち飲み向き。

(**ビアカクテル**ならこちらがおすすめ)

【材料と作り方】

グラスにカシスリキュール30㎖を入れ、ビールで満たした後、ステアする。

カシスの甘酸っぱさと、ビールの爽快感がマッチ。ルビー色も美しい。フルーティで飲みやすく、食前酒にするのもおすすめ。

苦みがひきたつ

ディーゼル

見た目も美しい

カシスビア

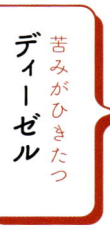

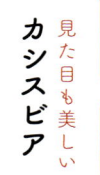

【材料と作り方】

コーラと黒ビールを1:1で合わせる。

黒ビールの苦みと、コーラの刺激、お互いの持ち味をひきたて合うビアカクテル。バーベキューやアウトドアでも楽しめそう。

豆料理でお酒を飲む?
国によっては常識です!

Alcohol & Beans

　15〜17世紀の大航海時代に、新大陸・アメリカが発見されたことで、ここを原産とするじゃがいも、さつまいも、トマト、とうもろこし、唐辛子などが、世界中に広まりました。逆にヨーロッパのハーブがアメリカ大陸に伝えられ、今では、北米・南米各国の料理に使われています。今では、あたり前のように食べられている食材も、遠く海を渡ってきたと考えると面白いですね。

　ちなみにアフリカ系人口の多い南米の人たちは、豆類を好み、おつまみ料理にもよく利用します。

　日本には黒豆や五目豆など、甘い豆料理が多く、ビールやワインとあまり合わないイメージですが、肉と一緒に煮込んだり、スパイスやビネガーと合わせたりするアメリカエリアの豆料理はお酒と相性抜群です。

▶ 参考：ひよこ豆の戻し方
この本で最も多く使っている豆。乾燥したものの戻し方はこちら。

【 材料 】（作りやすい分量）

ひよこ豆………500g　水………1500㎖

【 作り方 】

1　ひよこ豆はさっと洗って水につけ、一晩おく。
2　鍋に1を入れて熱し、沸騰したら弱火にして
　　豆がやわらかくなるまで30分煮る。
3　完全に冷めたら、そのままジッパー付き袋に
　　煮汁ごと入れて冷凍保存。

オセアニア
の
おつまみ

多くの国が植民地だった名残から
ヨーロッパ風の料理もあれば
島国ゆえの独特な料理も。
フルーツと魚介の組み合わせや
味付けなし（！）の味もお試しを。

ラムステーキ

羊肉のステーキ オレンジソース

フルーティで甘めなソース

【材料】2人分

羊肉(ラム)(ステーキ用)………400g
穀物酢………大さじ3
赤ワイン………大さじ3
A | オレンジ果汁………100㎖
　 | レモン汁………50㎖
　 | おろししょうが………小さじ1
オリーブオイル………大さじ2
塩、こしょう………各少々
飾りのパセリ(みじん切り)………適量

【作り方】

1　羊肉に塩とこしょうをふる。フライパンにオリーブオイルを熱し、羊肉を入れて両面を焼き、皿に盛る。
2　ソースを作る。1に残っている油を捨て、穀物酢を入れて熱し、木べらで混ぜながら赤ワインを加える。
3　Aを加えて1/4くらいの量になるまで煮詰める。1にかけ、パセリをふる。

フィッシュ＆チップス

魚のフライ&フライドポテト

フライ界のゴールデンコンビ

【材料】2人分

生だら(大きめに切る)………100g
A | ビール………100㎖
(※1) | 薄力粉、片栗粉………各50g
冷凍ポテトフライ………300g
塩、こしょう………各少々
揚げ油………適量
付け合わせのくし形切りのレモン、パセリ
………各適量

【作り方】

1　たらに塩とこしょうをふる。
2　Aを混ぜて作った衣を1につけ、180℃の揚げ油で5分ほど揚げる。
3　冷凍ポテトフライを180℃の揚げ油で表示の時間通りに揚げ、2に添える。レモン、パセリを添える。

フルーツソースで
肉がジューシーに

ひと言アドバイス 外側はサクサク、中の魚はふんわりと揚がる衣の配合がこちら。たっぷりとつけて揚げて。（※1）

シュリンプ & マンゴーポキ

えびとマンゴーの和え物

トロピカルフルーツと魚介が好相性

【 材 料 】2 人 分
茹でえび（2〜3等分に切る）………100g分
マンゴー（1.5cmの角切り）………100g
紫玉ねぎ（みじん切り）………1/2個分
ピーナッツ（細かく砕く）………適量
ごま油………大さじ3
しょう油………大さじ1
カイエンヌペッパー………小さじ1/2
塩、こしょう………各少々

【 作 り 方 】
1　材料をすべて混ぜる。

ねっとり食感の
ポテサラも魅力的

タロ サラダ

タロイモのサラダ

さといもを使うポテトサラダ

【 材 料 】2 人 分
さといも………400g（※1）
紫玉ねぎ（みじん切り）………1/2個分
セロリ（みじん切り）………1/4本分
ツナ（オイル漬け・缶詰）………70g
茹で卵（粗みじん切り）………2個分
マヨネーズ………大さじ5
塩、こしょう………各少々

【 作 り 方 】
1　さといもは皮をむき、やわらかくなるまで
　　茹でてつぶし、冷ます。
2　残りの材料をすべて混ぜる。

 サモアの主食、タロイモ。サトイモ科で、実は日本のさといもとも仲間です。（※1）

【 材料 】2人分 ※直径10cmのココット型4個を使用

合びき肉………400g
玉ねぎ（みじん切り）………1/2個分
カットトマト（缶詰）………100g
冷凍パイシート………4枚
塩、こしょう………各少々
バター（食塩不使用）（半量は溶かしバターにする）………大さじ2
溶き卵………適量

【 作り方 】

1　フライパンにバターを熱し、玉ねぎを入れてしんなりするまで炒める。合
　びき肉を加え、火が通ったらカットトマトを加えて、塩とこしょうで味を調
　える。汁気がなくなるまで炒めたら、バットにあけて冷ます。4等分する。

2　冷凍パイシートを直径12cmの丸型で4枚、10cmの丸型で4枚抜く。コ
　コット型に溶かしバターを塗り、12cmのパイシートを敷き、1の具を置
　く。ふちに溶き卵を塗り、10cmのパイシートをかぶせ、ふちをフォークな
　どで押さえて閉じる。上からも溶き卵を塗る。（※1）

3　220℃に予熱したオーブンで15分焼き、180℃に温度を下げて、さら
　に20分焼く。

OCEANIA
オーストラリア

ミートパイ

ひき肉のパイ

手のひらサイズの国民食

肉がみっちり
肉汁たっぷり

まぐろにからんだ
アボカドが最高

OCEANIA
マーシャル諸島

ごま油香るミクロネシア風"づけ"

ポキ
まぐろとアボカドの和え物

【 材 料 】2人分

まぐろ（1.5㎝の角切り）………100g（※2）
アボカド（1.5㎝の角切り）………1個分
紫玉ねぎ（または玉ねぎ）（みじん切り）………1/6個
おろししょうが………小さじ1/2
ごま油………大さじ1
しょう油………大さじ2
塩………小さじ1/2

【 作 り 方 】

1　ボウルに材料をすべて入れて混ぜる。

ひと言アドバイス　刺身の残りを利用しても。しょうがと玉ねぎのピリッとした刺激が食欲をそそります。（※2）

ムームー

豚肉と野菜の蒸し物

調味料ナシ！究極のシンプル味

【 材料 】2人分

豚ロースかたまり肉（1㎝厚さに切る）

………300g

さつまいも（1㎝厚さの輪切り）

………1/2個分

青菜（ほうれん草など）（ざく切り）………1束分

【 作り方 】

1 30㎝程度に切ったアルミホイルの中央に青菜をのせ、その上に豚ロース肉とさつまいもをのせ、密閉するように包む。（※1）

2 鍋（土鍋やタジン鍋など密閉できるもの）に1を入れ、ふたをして弱火で30〜40分ほど蒸し焼きにする。

素材の味
まさにそのまんま！

塩を使わない文化があるパプアニューギニア。さつまいもの甘みや肉のうまみだけで食べます。（※1）　ひと言アドバイス　074

ソテー クラブミート ＆ トマト

かにとトマトの卵炒め

卵を別炒めしてふわふわに

【材料】2人分

かに肉（缶詰を使う場合は軽く水気をしぼる）
………100g
玉ねぎ（薄切り）………1/2個分
トマト（1.5cmの角切り）………1/2個分
溶き卵………2個分
サラダ油………小さじ2
塩、こしょう………各少々

【作り方】

1 フライパンにサラダ油小さじ1を熱し、玉ねぎを炒める。トマト、かに肉を加えてさらに炒め、塩とこしょうで味をつけ、いったん取り出す。

2 同じフライパンにサラダ油小さじ1を熱し、溶き卵を入れて炒める。1を戻し入れてさっと炒め合わせる。

オタ

刺身のココナッツミルクマリネ

刺身の常識をくつがえす味

【材料】2人分

白身魚の刺身（ひらまさなど）………200g
ココナッツミルク………100ml（※2）
塩………少々

【作り方】

1 白身魚に塩をして、ココナッツミルクに漬け込み、ラップをかけて冷蔵庫に1時間ほど置く。ココナッツミルクが固まっている場合は、湯煎をして溶かしてから使うとよい。

ココナッツミルクを
ソースがわりに

飲む場所や気分で自由に選びたい

海辺のトロピカル＋屋内のツウ系

リゾートにぴったりのトロピカルな定番、ちょい渋なツウ系カクテルなど、飲むシチュエーションで選べるものを紹介。

【 材料と作り方 】
氷を入れたグラスに、ラム30㎖、ブルーキュラソー15㎖、レモンジュース15㎖を入れ、パイナップルジュースで満たした後、軽くステアする。

ハワイの海を思わせる美しい色合い。ブルーキュラソーの鮮やかさを生かすために、ホワイトラムを使うのがベター。フルーツを華やかに飾るのも、鮮やかな色をシンプルに楽しむのも、お好みで。

トロピカル系の代表！
ブルーハワイ

【 材料と作り方 】
氷を入れたグラスに、ウォッカ30㎖、パイナップルジュース80㎖を入れ、ココナッツミルクで満たした後、軽くステアする。

ブルーハワイ同様、トロピカル系の代表。甘酸っぱくミルキーな味わいで、非常に飲みやすい。アルコール度数も低めですが、もちろん飲みすぎにはご注意。

女性の襟元のフリルが語源
チチ

076

エスプレッソマティーニ

ビターでリッチな飲み心地

【 材料と作り方 】

シェーカーに氷を入れ、ウォッカ30ml、シュガーシロップ20ml、コーヒー100mlを入れてシェイクし、グラスに注ぐ。

コーヒーが大好きなオーストラリア人をリスペクト。シェーカーを使うと、クリーミーな泡ができます。本来はショートカクテルですが、たっぷり飲めるよう、今回はグラスで。

ダーク＆ストーミー

バミューダ島発祥!?

【 材料と作り方 】

氷を入れたグラスに、ラム30mlを入れ、ジンジャービアで満たした後、ステアする。

オセアニア地域のジンジャービア（ノンアルコールのジュース。ジンジャーエールよりしょうがの風味が強い）とラムの組み合わせ。他のビア系カクテルと一味違う、重厚な味わいに。

(ビアカクテルならこちらがおすすめ)

【 材料と作り方 】

グレープフルーツジュースとビールを1:1で合わせる。

さっぱりとした中に、ビールのほろ苦さが効いたカクテル。「パナシェ」（フランス語で混ぜ合わせた）の名前の通り、混ぜるだけ。

レッドアイ

二日酔い用!?

パナシェ

爽やかで軽い

【 材料と作り方 】

トマトジュースとビールを1:1で合わせる。

名前の由来は飲みすぎた翌日の「赤い目」から。トマトジュースのうまみとビールがマッチし、するっと飲めます。もちろん、迎え酒にはおすすめしません。

いつものチーズを
ちょっとアレンジ

【材料】2人分

トルティーヤの皮（市販品）………4枚
Q・B・B 大きいスライスチーズ、Q・B・B 料理
を彩る大きいスライスチーズ………各2枚
スモークサーモン………2切れ
ロースハム………2枚
A│　サニーレタス………4枚
　│　きゅうり（千切り）………3cm分
　│　にんじん（千切り）………3cm分
　│　トマト（薄切り）………8切れ
　│　マヨネーズ、ケチャップ………各適量

【作り方】

1 トルティーヤの皮2枚に、それぞれQ・B・B
大きいスライスチーズ、スモークサーモ
ン、Aの半量をのせてくるくると巻き、ラッ
プで包んで固定する。

2 残りの皮に、Q・B・B 料理を彩る大きいス
ライスチーズ、ロースハム、残りのAをの
せて巻く。

【材料】2人分

じゃがいも（一口大に切って茹でる）
………2個分
きのこ類（えのき、しいたけ、しめじなど）
………500g
玉ねぎ（薄切り）………1/2個分
Q・B・B　プレミアムベビーチーズ　ゴルゴンゾーラ
入り、Q・B・B　スモーク味ベビー、Q・B・B　カマン
ベール入りベビー（それぞれ1cm角に切る）
………各1個分
Q・B・B 大きいとろけるスライス………3枚
にんにく、しょうが（各みじん切り）………各1片分
サラダ油………大さじ1
一味唐辛子、塩………各小さじ1

【作り方】

1 鍋に水100mlとすべての材料を入れ、弱火
で混ぜながら煮込む。じゃがいもの端が煮くず
れ始め、全体がもったりしてきたら完成。

チーズときのこだけでこのうまみ

シャモ ケワ ダツィ
きのことじゃがいもの
チーズ煮込み

皮の端までチーズたっぷり

ラップ
ラップサンド

Q・B・B 商品のお問い合わせ先　六甲バター株式会社お客様相談室 ☎0120-606086
（土・日曜、祝日を除く9:00〜17:00）

言葉の通じない国で、
料理のレシピを教わる方法

Communication

　私はもとはフレンチの料理人でしたが、インドへ旅をしたことが、世界の料理にハマるきっかけになりました。といっても、旅先でいきなり「料理を教えてください」と言っても、怪しまれるだけですよね。そこで、私がとった方法をお教えします。

　最初に試した方法は、レストランに入って、料理を褒めまくること。褒めて褒めて、厨房から料理人が出てきたらチャンス！　自分は料理人だと説明すると、厨房に入れてくれることも。でもこれは、成功しても10回に1回。お金もかかり、かなり効率が悪かった。

　ところが、タイの市場に行ったとき、「これ何？」という言葉（アライナ？）を教えてもらい、食材を指さして、市場のおばちゃんに「アライナ？」と延々聞いていたら、面白がってタイ語で教えてくれたんです。それをノートに書くんですが、発音が難しくて何回も聞き直し、それをおばちゃんが根気よく教えてくれて……。そのうち、周りに人が集まり笑い出した。おばちゃんは「私の友達だよ」と言ってくれて、その日はおばちゃんの家に泊めてくれ、ごはんも一緒に作りました。その翌日、おばちゃんは、市場に買い物に来ている料理人を、私に紹介してくれました。

　このことをきっかけに、他の国でも、まずは市場へ行くようにすると、料理を教えてくれる人とつながりやすくなりました。

　こうして、家庭の味、店の味を覚えていったというワケです。

AFRICA

CHAPTER/04

アフリカ
の
おつまみ 🍾🍾

ヨーロッパ風やアジア風もあれば
シンプル＆ワイルドなものもあり、と
懐の深いアフリカのおつまみ。
豆やナッツを使ったこってり系は
とてもお酒がすすみます。

ボリュームたっぷり、国民的ごちそう

ボボティ
カレー味のミートローフ

【材料】2人分
（約10×20×5cmの耐熱容器を使用）

A｜ 合びき肉………300g
　　 パン粉………30g
　　 牛乳………30ml
バター（食塩不使用）………10g
溶き卵………2個分（※1）
B｜ 玉ねぎ（みじん切り）………1/4個分
　　 おろしにんにく、おろししょうが
　　 ………各小さじ1/2
　　 アーモンド（砕く）………小さじ1
　　 カレー粉、ターメリックパウダー
　　 ………各小さじ1/2
　　 ブラウンシュガー（なければ砂糖）
　　 ………小さじ1
　　 塩、こしょう………各小さじ1/2

【作り方】

1 フライパンにバターを熱し、Bを入れ、玉ねぎが色づくまで炒め、粗熱をとる。
2 ボウルにAと1を入れてよくこねる。
3 耐熱容器にバター（分量外）を塗り、2をきっちりと平らに詰める。
4 上から溶き卵を流し入れ、190℃に予熱したオーブンで約40分焼く。

やさしい甘みでしみじみうまい

キャベツ＆ベーコン
キャベツとベーコンの煮込み

【材料】2人分
キャベツ（5mm幅の細切り）………1/6個分
ベーコン（5mm幅に切る）………50g
りんご（皮をむいてすりおろす）
………1/2個分
塩、こしょう………各少々
飾りのパセリ（みじん切り）………少々

【作り方】

1 フライパンにベーコンを入れて熱し、カリカリになるまで焼く。
2 鍋にキャベツとひたひたの水を入れて熱し、キャベツがやわらかくなったら1、りんご、塩とこしょうを加える。水分が少なくなるまで煮込む。飾りのパセリをふる。

卵はふわり
肉はジューシー！

ひと言アドバイス 溶き卵を流し入れるのがポイント。焼けた卵とジューシーな肉だねのハーモニーを楽しんで。（※1）

ラム タジン

ラム肉とひよこ豆の煮込み

エキゾチックな香りが立ちのぼる

【 材料 】2人分（直径約25cmのタジン鍋を使用）

羊肉（ラム）（一口大に切る）………300g
ひよこ豆（水煮缶・缶汁含む）………200g
A　玉ねぎ（粗みじん切り）
　　………1/2個分
　　にんにく（みじん切り）………1片分
　　ターメリックパウダー………小さじ1
オリーブオイル………大さじ3
塩………小さじ3/4
スライスアーモンド（ロースト）………20g
パセリ（みじん切り）………適量

【 作り方 】

1　タジン鍋にオリーブオイルを熱し、Aを入れて、玉ねぎがしんなりするまで炒める。ラム肉を加え、表面の色が変わったら、ひよこ豆と塩、水50mlを加えてふたをし、弱火で30分ほど煮込む。（※1）
2　スライスアーモンドとパセリをのせる。

ザルーク

なすとトマトの前菜

モロッコの定番前菜

【 材料 】2人分

なす（皮をむいて、1.5cmの角切り）
………2本分
トマト（1cmの角切り）………1/2個分
オリーブオイル………大さじ1
A　おろしにんにく………小さじ1/2
　　クミンパウダー、パプリカパウダー、
　　カイエンヌペッパー
　　………各小さじ1/2
　　塩、こしょう………各適量
レモン汁………大さじ1
飾りのパセリ（みじん切り）………適量

【 作り方 】

1　なすは10分ほど茹で、ザルにあげる。
2　鍋にオリーブオイルを熱し、トマト、Aを入れて5分ほど煮込み、1を加えて水分がなくなるまでさらに煮込む。仕上げにレモン汁を加えて混ぜる。飾りのパセリをふる。

とろけるなすと
レモンの香りが
たまらない

ひと言アドバイス タジン鍋は弱火で使うのが基本。材料からじっくりと水分を出し、うまみを引き出します。（※1）

香ばしくってまったり

パパガヌシュ

なすのペースト

【材料】2人分

なす………1本

A　白練りごま………大さじ1
　　おろしにんにく………小さじ1/2
　　レモン汁………1/4個分
　　クミンパウダー………小さじ1

オリーブオイル………大さじ1

塩………小さじ1/2　　こしょう………少々

飾りのパプリカパウダー、パセリ(みじん切り)………各適量

【作り方】

1　なすを皮のまま魚焼きグリルで焼く。表面が真っ黒になるまで焦げ目がついたら、皮をむき、粗熱をとる(飾り用に1〜2片、切り取っておく)。(※1)

2　包丁で叩いてミンチ状にし、Aを加えてよく混ぜ、塩とこしょうで味を調える(フードプロセッサーを使ってもよい)。

3　皿に盛り、オリーブオイルをかける。飾り用のなす、パプリカパウダー、パセリをのせる。

トルティーヤや
パンを合わせて!

なすを、身がとろりとするまでじっくり焼くことがポイント。焦がした皮の香ばしさがいい風味に。(※1)　ひと言アドバイス

ほどよい酸味で
スプーンがすすむ！

ヤッサギナール

鶏肉のレモン風味煮

マスタード入りさっぱり煮込み

【 材料 】2人分

鶏もも肉（一口大に切る）………1枚（約220g）
玉ねぎ（粗みじん切り）………1/2個分
じゃがいも（5mm厚さのいちょう切り）………1個分
にんじん（5mm厚さのいちょう切り）………1/2本分
オリーブオイル………大さじ1
マスタード………大さじ3　　コンソメ（顆粒）………小さじ2
レモン汁………大さじ2
塩、こしょう………各少々
飾りのパセリ（みじん切り）………少々

【 作り方 】

1　フライパンにオリーブオイルを熱し、鶏もも肉を皮目から入れて、強火で
　　皮がパリッとするまで焼く。反対側も焼き、いったん取り出す。

2　1のフライパンに玉ねぎを入れて炒め、透きとおってきたら、じゃがい
　　も、にんじんを加えて炒め合わせる。1を戻し入れ、水200㎖、マスター
　　ド、コンソメを加え、途中でアクをとりながら中火で30分、弱火で30分
　　煮込む。途中、水分が足りなくなったら水を加えて調整する。

3　火を止めてレモン汁を加え、塩とこしょうで味を調える。飾りのパセリを
　　ふる。

　ひと言アドバイス　セネガルの〝おふくろの味〟。ご飯にかけて食べてもおいしいです。

【材料】2人分

ほうれん草（3mm幅の細切り）………1束分（※1）

玉ねぎ（みじん切り）………1個分

サラダ油………大さじ1

シナモンパウダー、コリアンダーパウダー、クミンパウダー、

カイエンヌペッパー、こしょう………各小さじ1/5

塩………小さじ1/3

【作り方】

1　フライパンにサラダ油を熱し、玉ねぎをしんなりするまで炒める。ほうれん草、スパイス類を加えてさらに炒め、塩で味を調える。

AFRICA

エチオピア

緑のエスニックペースト

ゴマノワット

ほうれん草のスパイス炒め

ポパイみたいに
パワーが出そう

ピーナッツバターで
アフリカ風に

ムアンバ
ピーナッツトマトシチュー

酸味とコクがたまらない

【 材料 】2人分

鶏もも肉（一口大に切る）………1枚分（約250g）
にんにく、しょうが（ともにみじん切り）………各1/2片分
玉ねぎ（くし形切り）………1/2個分
オリーブオイル………大さじ1
A｜カットトマト（缶詰）………200g
　｜ピーナッツバター………大さじ1（※2）
　｜カイエンヌペッパー、ドライタイム………各小さじ1/4
　｜塩………小さじ1/2
　｜こしょう………少々

【 作り方 】

1　鍋にオリーブオイルを熱し、にんにく、しょうが、玉ねぎを入れて炒める。
　　玉ねぎがしんなりしたら、鶏もも肉を加え、表面の色が変わるまで炒める。

2　Aと水100mlを加え、ひと煮立ちしたら弱火にし、アクをとりながら20
　　～30分煮込む。

　ひと言アドバイス　マイルドでコクのある味わいにしてくれるピーナッツバター。無糖か甘さ控えめなものがベター。（※2）

スパイス香るフレンチ風煮込み

牛肉と豆の煮込み

ブッフ ブレゼ エ アリコ

【材料】2人分

牛もも肉（一口大に切る）………300g

キドニービーンズ（水煮缶・缶汁含む）………200g

カットトマト（缶詰）………400g

玉ねぎ（粗みじん切り）………1/2個分

サラダ油………大さじ1

おろしにんにく………小さじ1

クミンパウダー、コリアンダーパウダー………各小さじ1

塩………小さじ1/2

飾りのパセリ（みじん切り）………適量

【作り方】

1 鍋にサラダ油を熱し、牛もも肉を入れて炒める。肉の色が変わったら、おろしにんにく、玉ねぎ、カットトマト、キドニービーンズを加え、クミンパウダー、コリアンダーパウダーを加える。

2 水50mlと塩を入れ、約30分煮込む。飾りのパセリをふる。

赤ワインに
ぴったり

ブッフ（牛肉）ブレゼ（煮込み）アリコ（豆）とフランス名なのは、植民地だった名残です。 ひと言アドバイス

具だくさんで
ボリュームたっぷり

AFRICA

チュニジア

タジン

ひき肉入りオムレツ

卵好きの国の名物料理

【 材料 】2人分（直径20cm程度の耐熱容器を使用）

牛ひき肉………50g
卵………4個
パルメザンチーズ（粉）………25g
玉ねぎ（みじん切り）………1/2個分
じゃがいも（1cmの角切りにし、固めに茹でる）………1個分
トマト（1cmの角切り）………1/4個分
にんにく（みじん切り）………1/2片分
オリーブオイル………大さじ1
バター（食塩不使用）………10g
飾りのパセリ（みじん切り）………適量

【 作り方 】

1 フライパンにオリーブオイルを熱し、にんにく、玉ねぎを入れて炒める。玉ねぎがしんなりしたら、牛ひき肉を加えて火が通るまで炒める。じゃがいもとトマトを加え、さらに5分ほど炒める。

2 ボウルに卵とパルメザンチーズを入れて混ぜ、1を加えてさらに混ぜる。

3 耐熱容器の内側にバターを塗り、2を流し入れて、180℃に予熱したオーブンで約20分焼く。飾りのパセリをふる。

　ひと言アドバイス　チュニジアで「タジン」といえば鍋ではなくオムレツ。オーブンで焼きあげます。

【 材料 】2人分

A 鶏ひき肉⋯⋯⋯200g
　 おろしにんにく⋯⋯⋯小さじ1/2
　 溶き卵⋯⋯⋯1/2個分
　 薄力粉⋯⋯⋯大さじ1
　 クミンパウダー、コリアンダーパウダー⋯⋯⋯各小さじ1
　 塩、こしょう⋯⋯⋯各少々
バター（食塩不使用）⋯⋯⋯大さじ1
黒ごま⋯⋯⋯小さじ1
付け合わせのレモン、パセリ⋯⋯⋯各適量

【 作 り 方 】

1　Aをすべて混ぜて4等分し、小判形に成形する。
　　中央に黒ごまをつける。

2　フライパンにバターを熱し、1を入れて
　　両面に焼き色がつくまで焼く。(※1)皿に盛り、
　　レモンやパセリを添える。

AFRICA

ニジェール

ザルマチキン

鶏ハンバーグ

ムチムチ食感の鶏バーグ

かじると中から
スパイスの香り

淡白な鶏ひき肉も、バターで焼くことでコクのある味に。焼くときは、焦げやすいので注意。(※1)　ひと言アドバイス

AFRICA

タンザニア

シンプルなしょうが風味

ムシカキ

ジンジャー風味の焼きとり

【 材料 】2人分

鶏もも肉（一口大に切る）
………1枚分（約250g）
おろししょうが………小さじ1
塩、こしょう………各少々
付け合わせのレモン、パセリ………各適量

串に刺すだけで
おいしさが増す！

【 作り方 】

1　鶏もも肉におろししょうが、塩とこしょうをもみ込む。鉄串に刺して、
　　230℃に予熱したオーブンで約7分焼く。皿に盛り、レモンやパセリを
　　添える。

ひと言アドバイス　「ムシカキ」とは、串焼きのこと。鶏肉のほか、牛肉やラムを使うこともあります。

情景浮かぶ! ロマンチックカクテル

オリジナルを一挙に紹介

ご当地のお酒は手に入りづらいので、ここでは名画のワンシーンや、大自然をイメージした、オリジナルカクテルをご紹介します。

【 材料と作り方 】
氷を入れたグラスに「ワイルドアフリカ」45㎖を入れ、ソーダを満たし、軽くステアする。

アフリカを代表するクリームリキュール「ワイルドアフリカ」を使用。フレッシュなクリームと香ばしいカラメルの風味を、シンプルにソーダ割りでいただきます。

> オリジナル

> ご当地リキュールを使って
> ## サバンナの風

> オリジナル

> あの名台詞をカクテルに
> ## 君の瞳に乾杯

【 材料と作り方 】
氷を入れたグラスにカシスシロップ15㎖、紅茶のリキュール15㎖を入れ、ソーダで満たした後、軽くステアする。レモンを飾る。

名画『カサブランカ』から生まれたセリフを名前に。映画ではシャンパンで乾杯していましたが、こちらは香り高い紅茶と甘酸っぱいカシスのカクテル。エキゾチックな都市での大人の恋をイメージして考えました。

【 材料と作り方 】

氷を入れたグラスにグリーンバナナリ
キュール30㎖、シロップ10㎖を入れ、ソー
ダで満たしてステア。レモンを飾る。

アフリカ料理に欠かせない、熟す前の青い
バナナを名前に。トロピカルな風味と濃厚
な甘みのグリーンバナナリキュールを、さっ
ぱりとソーダで割りました。

青いバナナの思い出

濃厚なのに爽やか

オリジナル

アフリカンハニー

アフリカ版カルーア

オリジナル

【 材料と作り方 】

はちみつ10㎖を大さじ1の湯で溶く(A)。
氷を入れたグラスに、「カルーア」30㎖、おろししょうが小さじ1/2、Aを入れ、ソーダを満たしてステアする。

アフリカはコーヒー豆の名産地。「カルーア」の甘みと苦みにしょうがをピリリ。

【 材料と作り方 】

氷を入れたグラスに「カンパリ」30㎖を入れ、オレンジジュースで満たしてステアする。グラスのふちからグレナデンシロップ10㎖をそっと注ぎ入れて、二層にする。

サバンナのバオバブの木の神秘的な姿越しに沈む夕日をイメージ。甘酸っぱいカンパリとシロップの濃厚な風味を楽しんで。

オリジナル

バオバブの夕日

沈む夕日を表現

(ビアカクテルならこちらがおすすめ)

シャンディ ガフ

苦み控えめ!

【 材料と作り方 】

ジンジャーエールとビールを1:1で合わせる。

ビールの苦みをジンジャーエールがやわらげてくれ、暑いときにもさっぱりと飲みやすい。アフリカの豆や豆ペーストなどを使った濃厚な味のおつまみともぴったり。

旅の思い出
〜 忘れられない料理 〜

Ingredients

　料理は国の文化だとわかっていても、中には「自分には無理」という食材もあるかもしれません。とはいえ、私が製造・販売している世界の料理のレトルトには、「珍食材シリーズ」があり、中でも『羊の脳みそカレー』（パキスタン）は、売り上げ1位の人気商品なのですが……。

　どんな食材でもあまり抵抗のない私ですが、それでもびっくりした旅の出来事を。あるアジアの国をトラックのヒッチハイクで移動している途中、夜中2時ごろ運ちゃんが「おなかすいてない？」と。こんな田んぼの真ん中で何が食べられるのかと、車を降りてついていくと、薄明かりの掘っ立て小屋。中で席につくと、何かの丸焼きの串を渡されました。ずっしり重く、長さは串を入れて40cmは超えています。それで「はっ！」と気付きました。あぜ道を走るトラックのヘッドライトに照らされ、飛び跳ねる動物のことを……。「野ネズミだ！」。いい焼き色なので、一口噛んでみると、吐き出したくなるくらいのけもの臭！　しかし運ちゃんはおいしそうに食べているし、おごってくれそうだから残すわけにはいきません。涙目で食べ進めていると、ラーメンも運ばれてきました。「この汁があれば、食べられるかも」とラーメンの表面を見ると、黒ごまのようなものが浮いています。目を凝らしてみると、それは無数の蟻……。暑い夜のホラーのようなホントの話です。

ASIA

CHAPTER/05

アジア
の
おつまみ

中国、インドネシア、中東と、
アジアエリアは文化も多様なら味も多彩！
独特のスパイスや調味料使いも
ハマればくせになるはず！
種類豊富なお酒と合わせる楽しみも。

蚝油牛肉（ハオユーニューロウ）

牛肉のオイスター炒め

オイスターソースで味が決まる

【材料】2人分

牛薄切り肉（一口大に切る）………200g
白菜（2cm幅のそぎ切り）………1枚分
きく菜（ほうれん草でもよい）（手でちぎる）
………1/8束分
長ねぎ（白い部分）（5mm厚さの斜め切り）
………1本分
ごま油………大さじ1
A｜鶏ガラスープ………50ml
　｜オイスターソース、しょう油、紹興酒
　｜………各大さじ1
　｜砂糖………大さじ1/2
　｜こしょう………少々
水溶きかたくり粉………適量

【作り方】

1　フライパンにごま油を熱し、牛薄切り肉を入れて炒め、色が変わったら野菜を入れて火が通るまで炒める。
2　Aを加えてひと煮立ちしたら、水溶きかたくり粉を少しずつ入れて、とろみをつける。

葱油鮮魚（ツォンヨウシェンイゥ）

白身魚の中華蒸し

香ばしいごま油をかけて

【材料】2人分

真鯛（塩少々をふる）………2切れ
白菜（一口大に切る）………1/2枚分
しょうが（千切り）………2片分
にんにく（薄切り）………1片分
A｜オイスターソース、しょう油、酢
　｜………各大さじ1
ごま油………大さじ1
長ねぎ（白い部分）（白髪ねぎにする）
………1/4本分
飾りのパクチー………適量

【作り方】

1　皿に白菜、真鯛の順に盛り、しょうがの半量とにんにくをのせ、蒸し器に入れて約8分蒸す。
2　蒸しあがったらAを回しかけ、白髪ねぎと残りのしょうがをのせる。
3　フライパンでごま油を煙が出るくらいまで熱し（※1）、2の上に回しかける。飾りのパクチーを散らす。

ジュッという
音もごちそう

ひと言アドバイス ごま油は煙が出て、かけたときジュッと音がするくらいまで熱して。香ばしい香りが立ちます。（※1）

卵にくぐらせて焼くだけ

ジョン
お好み焼き

【 材料 】2人分

木綿豆腐………1/2丁

ズッキーニ(長さ5cm×厚さ1cmの棒状に切る)………1/2本分

ごま油………大さじ2

薄力粉………大さじ3

溶き卵………2個分

塩、こしょう………各少々

A｜しょう油………大さじ1　　酢………大さじ1/2

　　砂糖………小さじ1

　　長ねぎ(みじん切り)………大さじ1

　　白すりごま………小さじ1/2

　　おろしにんにく………小さじ1/2

【 作り方 】

1 豆腐はキッチンペーパーに包み、上から重石をしてしばらく置き、しっかり水気を切ってから、1cm厚さの長方形に切る(※1)。豆腐とズッキーニの表面に塩とこしょうをふり、薄力粉と溶き卵を順につける。

2 フライパンにごま油を熱し、1を並べて入れ、両面に焼き色がつくまで焼く。

3 Aを合わせてタレを作り、2に添える。

ピリ辛ダレで
召し上がれ

ピリ辛とほの甘の
ハーモニー

韓国

さばと大根の煮物

コドン オ チョリム

さっぱりピリ辛な味が新鮮

【材料】2人分

さば（1cm幅に切る）………半身分
大根（5mm厚さのいちょう切り）………4cm分
長ねぎ（2cm幅の斜め切り）………1/2本分
A　おろししょうが………小さじ1
　　おろしにんにく………小さじ1/2
　　酒、みりん………各大さじ2
　　砂糖………小さじ1
　　粉唐辛子………小さじ1/2（※2）
　　塩………少々
白すりごま………適量

【作り方】

1　鍋に大根、さば、長ねぎ、水200㎖、Aを入れて弱火にかけ、ふたをして大根がやわらかくなるまで15分ほど煮る。
2　皿に盛り、白すりごまをふる。

ひと言アドバイス　粉唐辛子は、韓国産や中国産の辛みが強くないもの。一味唐辛子を使う場合は少量で。（※2）

クミン香る野菜のお惣菜

アルゴビ

カリフラワーとじゃがいもの炒め物

【 材 料 】 2 人分

じゃがいも（茹でて皮をむき一口大に切る）………1個分
カリフラワー（一口大に切り、塩茹でする）………1/2個分
サラダ油………大さじ2
クミンシード………小さじ1/2
おろしにんにく、おろししょうが………各小さじ1/2
A ┃ ターメリックパウダー………小さじ1/2
　　┃ カイエンヌペッパー………小さじ1/3
　　┃ 塩………小さじ1/4
レモン汁………1/4個分
パクチー（みじん切り）………適量

【 作 り 方 】

1 Aをよく混ぜておく。
2 フライパンにサラダ油を強火で熱し、クミンシードを入れる。クミンシードの周りが泡立ってきたら、おろしにんにく、おろししょうがを加えてさっと炒める。（※1）
3 じゃがいも、カリフラワーを加えて弱火にし、Aを加えてかき混ぜながら炒める。最後にレモン汁、パクチーを加えて混ぜる。

2種類の野菜の
ホクホク食感

熱々に
かぶりつきたい

インド

エスニックな香りの羊つくね

シシカバブ

羊肉のスパイス串焼き

【 材料 】2人分

羊肉(ひき肉)‥‥‥‥250g（※2）
玉ねぎ（みじん切り）‥‥‥‥1/4個分
おろしにんにく、おろししょうが‥‥‥‥各小さじ1/2
クミンパウダー、ガラムマサラ、パプリカパウダー、黒こしょう
‥‥‥‥各小さじ1/4
溶き卵‥‥‥‥1/2個分
塩‥‥‥‥小さじ1/2
付け合わせのレモン、パセリ、サニーレタス‥‥‥‥各適量

【 作り方 】

1　ボウルに付け合わせ以外の材料をすべて入れ、よく混ぜる。

2　4等分してそれぞれ鉄串に刺し、230℃に予熱したオーブンで約7分
焼く。レモンとパセリ、サニーレタスを添える。

ひと言アドバイス　羊肉のひき肉が手に入らなければ合びき肉でもOK。（※2）

【 材料 】 2人分

牛ひき肉………250g

ピーマン………8個

玉ねぎ（みじん切り）………1/2個分

米（洗ってザルにあげる）………70g（※1）

ブイヨンスープ………250㎖

トマトペースト………大さじ1

A｜ ドライパセリ、クミンパウダー、ミント（みじん切り）………各小さじ1/2
　｜ 塩、こしょう………各少々

【 作り方 】

1　ピーマンは、へたのついた上部を切り（切った部分はとっておく）、中の
　　種を取り除く。

2　ボウルに牛ひき肉、玉ねぎ、米、Aを入れてよくこねる。それを1の中に
　　詰め、切り取った上部をかぶせ、鍋に並べる。

3　2にトマトペースト、ブイヨンスープを加えて強火にかけ、煮立ったら弱
　　火にして20〜30分煮る。

ビベル ドルマス

ピーマンの詰め物

米とスパイス入りの肉詰め

上部から詰めるのが
トルコ流

米を入れるのが特徴。米が肉汁やスープを吸って、ジューシーに仕上がります。（※1）　▶ひと言アドバイス

ビールのお供に
ガブッといきたい

塩さばはパンにもぴったり

バルック エクメーイ

焼きさばサンド

【 材料 】2人分

塩さば（骨やひれを取り除く）………2切れ
バゲット（13〜15㎝）………2個
玉ねぎ（みじん切り）………1/4個分
オリーブオイル………大さじ2
レモン汁………適量
トマトソース（あれば）………適量

【 作り方 】

1　フライパンにオリーブオイルを熱し、塩さばの両面を焼く。

2　バゲットの横から、厚みの半分を目安に切り目を入れる。

3　1の塩さば、玉ねぎを挟み、レモン汁とトマトソースをかける。

　ひと言アドバイス　イスタンブール名物、さばサンド。生トマトやレモンスライスを挟んでもよい。

ASIA
フィリピン

カレカレ
牛肉のピーナッツ煮込み

ピーナッツバター入りのコクありシチュー

【 材 料 】2人分

牛もも肉（角切り）………300g
ピーナッツバター………100g
いんげん（3cmに切る）………10本分
キャベツ（ざく切り）………1/8個分
なす（一口大に切る）………1本分
しょうが（みじん切り）………1片分
ナンプラー………大さじ1
塩、こしょう………各少々

【 作 り 方 】

1 牛肉に塩、こしょうをふり、鍋に入れ、しょうが、かぶるくらいの水を加えて煮る。

2 牛肉がやわらかくなったら、ピーナッツバターを加えて10分、さらに野菜を加えて10分煮込む。ナンプラーを加えて味を調える。

ASIA
フィリピン

アドボ
鶏肉の酢じょう油煮込み

酢と黒こしょうでさっぱり味に

【 材 料 】2人分

鶏もも肉（一口大に切る）
………400g
A｜酢………70ml
　｜しょう油………50ml
　｜酒………50ml
　｜おろしにんにく………小さじ1
　｜ローリエ………2枚
　｜黒粒こしょう………3〜4粒

【 作 り 方 】

1 Aを混ぜ、鶏もも肉を入れて3〜4時間漬け込む。漬け汁ごと鍋に移し、鶏肉に火が通るまで10分ほど煮込む。（※1）

漬けて
煮るだけ！

エスニック風味の煮魚

カートゥーコー

白身魚の煮つけ

【材料】2人分

白身魚(さわらなど)(食べやすい大きさに切る)
………2切れ

A｜シーズニングソース
　（なければオイスターソース）
　………大さじ2（※2）
　ナンプラー………大さじ2
　砂糖…………大さじ1
　黒こしょう…………少々

飾りのパクチー…………適量

【作り方】

1 Aを混ぜた中に白身魚を15分ほど漬け込む。

2 鍋に1を入れ、かぶるくらいの水を注いで火にかけ、ひと煮立ちしたら10分ほど煮る。飾りのパクチーをのせる。

> あっさりしてるのに
> しみじみ深い風味

ほっこり味のスープ煮

ハオハムチューセン

豚肉とれんこんの煮物

【材料】2人分

豚ロース肉(一口大に切る)
………200g

れんこん(1cm厚さの輪切り)………5cm分

長ねぎ(2cm幅の斜め切り)………1本分

A｜ナンプラー………大さじ1
　おろしにんにく
　………小さじ1/2

塩、こしょう………各少々

【作り方】

1 豚ロース肉にAで下味をつける。

2 鍋に湯500㎖を入れ、1、れんこん、長ねぎを加え、15分ほど煮込む。塩とこしょうで味を調える。

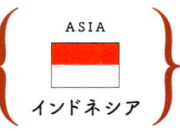

こってり味でお酒がすすむ

アヤム パンガン

ローストチキン甘辛ソース

【 材料 】2人分

鶏もも肉（一口大に切る）………2枚分（約500g）

玉ねぎ（薄切り）………1/2個分

もやし………1/2袋

サラダ油………大さじ1

A｜しょう油………大さじ2
　｜黒糖………30g

サンバル（または豆板醤）………小さじ1（※1）

塩、こしょう………各適量

【 作り方 】

1 Aをボウルに入れ、電子レンジに30秒〜1分かけて黒糖を煮溶かす。

2 鶏もも肉に、塩とこしょうで下味をつけ、230℃に予熱したオーブンで約10分、焼き色がつくまで焼く。（分量外のサラダ油を熱したフライパンで焼いてもよい）

3 フライパンにサラダ油を熱し、玉ねぎ、もやしを入れてさっと炒める。2と1、サンバルを加え、煮詰まってとろりとするまで混ぜながら炒める。

ソースが絡んだ
野菜もおいしい

コクのあるソースが
たまらない

ガドガド
温野菜のピーナッツソース

厚揚げ入りでボリュームあり

【材料】2人分

厚揚げ（湯通しし、4等分する）………2枚分
キャベツ（ざく切り）………1/8個分
にんじん（2mm厚さの短冊切り）………1/4本分
もやし………1/2袋
茹で卵（くし形切り）………1/2個分
A｜しょう油………50mℓ
　｜黒糖………50g
B｜ピーナッツバター………100g
　｜サンバル（または豆板醤）………小さじ1
えびせん（揚げる）、飾りのパセリ（みじん切り）………各適量

【作り方】

1　ソースを作る。Aを耐熱ボウルに入れ、600Wの電子レンジに30秒〜
　1分かけて黒糖を煮溶かす。Bを入れ、なめらかになるまで混ぜる。
2　キャベツ、にんじん、もやしをさっと茹で、水気をしぼる（※2）。茹で卵、厚
　揚げとともに皿に盛り、1のソースをかけて、えびせんを添える。パセリ
　をふる。

ココナッツづくしの炒め物

キャベツ マッルン

キャベツのココナッツ炒め

【材料】2人分

キャベツ（細切り）………1/8個分
ココナッツフレーク………200g（※1）
玉ねぎ（粗みじん切り）………1/4個分
おろしにんにく………小さじ1/2
ココナッツオイル………大さじ1
ココナッツミルク………大さじ2
かつお節………10g
ブラウンマスタード（粒マスタードでもよい）、カイエンヌペッパー、塩
………各小さじ1/2
ターメリックパウダー………小さじ1

【作り方】

1 フライパンにココナッツオイルとおろしにんにくを入れて熱し、香りが出てきたら玉ねぎを加え、あめ色になるまでじっくり炒める。

2 残りの材料をすべて入れて、キャベツがしんなりするまで炒める。

ココナッツが
サクサクしてる！

ココナッツの果肉を削ってフレーク状にしたもの。製菓売り場に置いてある場合も。（※1） ひと言アドバイス 110

具はカレー味の
じゃがいも!

マレーシア

カレーパフ
カレーパイ

カレー味のスナック

【材料】2人分

じゃがいも（1cmの角切り）………1個分
玉ねぎ（粗みじん切り）………1/2個分
サラダ油………大さじ1　　カレー粉………大さじ1/2
砂糖………小さじ1/2　　塩………小さじ1/2
A｜薄力粉………250g
　｜バター（食塩不使用）………75g
　｜塩………小さじ1/4　　水………100ml
揚げ油………適量

【作り方】

1　生地を作る。Aの材料をボウルに入れ、ひとまとまりになるまで混ぜる。冷蔵庫で30分休ませる。（※2）

2　フライパンにサラダ油を熱し、玉ねぎを入れて炒める。砂糖、塩、カレー粉、じゃがいもを加え、混ぜながら5分ほど炒める。粗熱をとり、4等分しておく。

3　1の生地を4等分し、麺棒でそれぞれ3mm厚さの円形にのばす。生地の中央に2をのせて半分に折り、ふちにひだをつけながら閉じる。

4　200℃の揚げ油で、5分ほど揚げる。

　ひと言アドバイス　生地は手早く混ぜて手につかなくなればOK。バター入りでサクッと仕上がります。（※2）

【 材料 】2人分

豚ひき肉………200g

玉ねぎ（みじん切り）………1/4個分

にら（みじん切り）………1/8束分

餃子の皮………8枚

A｜おろしにんにく………小さじ1/2
　　しょうが（みじん切り）………小さじ1/2
　　サラダ油………小さじ1/2　　ラード………小さじ1/2
　　クミンパウダー、コリアンダーパウダー………各小さじ1/2
　　粉唐辛子………小さじ1/4　　こしょう………小さじ1/8

サラダ油………小さじ1

B｜ケチャップ………150㎖　　カレー粉………小さじ1
　　サラダ油………大さじ1　　粉唐辛子………小さじ1/4

【 作り方 】

1 フライパンにサラダ油を熱し、玉ねぎとにらを入れ、しんなりするまで炒める。粗熱をとっておく。

2 ボウルに豚ひき肉、1とAを入れて、よく混ぜて8等分する。

3 餃子の皮で2を包み、せいろで約8分蒸す。（※1）

4 Bを合わせてソースを作り、3に添える。

ケチャップ風味の
タレがぴったり

餃子を蒸すときはクッキングシートや白菜、キャベツ、サニーレタスなどを敷くとくっつきません。（※1）　**ひと言アドバイス**

苦みと香りが
くせになりそう

おつまみにもカレーの薬味にも

ムラコアチャール

大根の漬け物

【 材料 】2人分

大根（短冊切り）………1/4本分

A｜カイエンヌペッパー、ターメリックパウダー………各小さじ1/2
｜レモン汁………小さじ1
｜黒すりごま………大さじ1

フェヌグリーク（あれば）………5粒（※2）

塩………小さじ1/2

サラダ油………50㎖

【 作り方 】

1 大根に塩をふり、15分ほど置く。しんなりしたら、軽く水気をしぼる。Aを
加えてさっと混ぜる。

2 小鍋にサラダ油とフェヌグリークを入れ、強火にかけて熱する。熱々に
なったら、1にかけて全体をよく混ぜる。

タイ

ヤム ウン セン

えびと春雨のサラダ

ビールに合うピリ辛サラダ

【 材料 】2人分

茹でえび（一口大に切る）………8尾分

緑豆春雨（乾燥）………20g

きゅうり（千切り）………1/2本分

にんじん（千切り）………1/2本分

パクチー（ざく切り）………3本分

A　酢………100㎖
　　ナンプラー………大さじ2
　　砂糖………大さじ1
　　一味唐辛子………小さじ1/2

サニーレタス………1枚分

ピーナッツ（細かく砕く）………50g

【 作り方 】

1　Aを混ぜ合わせておく。緑豆春雨は、茹でて水で冷やし、食べやすい
　　長さに切る。

2　茹でえび、緑豆春雨、きゅうり、にんじんを合わせ、Aを混ぜる。
　　皿にサニーレタスを敷き、その上に盛り、上からピーナッツをかける。

混ぜるだけなのに
複雑な味！

甘・酸・辛・塩・うまみの5つの味が揃ったタイらしい料理。一味唐辛子の量は好みで増やしても。　ひと言アドバイス

タイ

ムーピン

豚肉のスパイシー串焼き

屋台の定番メニューといえばコレ

【 材料 】2人分

豚肩ロースかたまり肉（一口大に切る）………300g

A　おろしにんにく………小さじ1

　　ナンプラー………大さじ1

　　シーユウカオ（タイのしょう油。なければしょう油）

　　………大さじ1

　　オイスターソース………大さじ1

　　パクチーの根（あれば）（みじん切り）………1束分（※2）

付け合わせのサニーレタス、パクチー………各適量

【 作り方 】

1　Aをよく混ぜ、豚肩ロース肉を入れて30分ほど置く。

2　1を竹串に刺し、クッキングシートを敷いた天板に並べる。220℃に予熱したオーブンで約7分、焼き色がつくまで焼く。サニーレタスとパクチーを添える。

　ひと言アドバイス　パクチーの根は、だしがとれるほど風味があります。根付きのパクチーが手に入ればぜひ。（※2）

緑の野菜とハーブがこれでもかと

ゴルメサブジ
羊肉と豆のハーブ煮込み

【 材料 】 2人分

羊もも肉（マトン）（2cmの角切り）………100g

キドニービーンズ（水煮缶・缶汁を含む）………200g

玉ねぎ（みじん切り）………1/2個分

A　ほうれん草、にら（ともにみじん切り）………各1/2束分

　　パクチー（みじん切り）………2束分

　　パセリ（みじん切り）………3枝分

オリーブオイル………大さじ3

レモン汁………1/2個分（※1）

塩、こしょう………各適量

【 作り方 】

1　鍋にオリーブオイルを熱し、玉ねぎを炒める。しんなりしたら羊もも肉をを入れてさらに炒める。肉の色が変わったら、Aとキドニービーンズを汁ごと入れ、ひたひたの水を加える。

2　ひと煮立ちしたら弱火にし、30分ほど煮込む。レモン汁、塩とこしょうで味を調える。

食べると爽やかな
レモンの香り

本場ではドライレモン（写真の丸い物）を使用。野菜や肉のくせを和らげてくれます。（※1）　ひと言アドバイス

パリパリの皮の中に
肉が詰まってる

大きくて肉ぎっしり

ホーショル

揚げ焼き肉まん

【 材 料 】2 人分

牛ひき肉………300g
玉ねぎ（みじん切り）………1/2個分
おろしにんにく………小さじ1/2
塩………小さじ1/2　　こしょう………少々
A｜薄力粉………250g
　｜水………125㎖　　塩………小さじ1/2
揚げ油………適量

【 作 り 方 】

1　生地を作る。Aをボウルに入れて混ぜ、ひとまとまりになるまでよくこねる。常温で30分置く。

2　別のボウルに牛ひき肉、玉ねぎ、おろしにんにく、塩とこしょうを入れてよく混ぜ、4等分する。

3　1の生地を4等分し、麺棒などで、それぞれ直径12㎝の円形にのばす。2をのせ、餃子のようにふちにひだをつけながら包む。

4　フライパンに揚げ油を熱し、3を並べ、弱火で両面を約8分ずつ、きつね色になるまで揚げ焼きにする。

　ひと言アドバイス　皮も具も材料はシンプル。かじると肉汁が中からあふれ出ます。

ホンモス
ひよこ豆のディップ

豆と練りごまの濃厚ペースト

【 材料 】2人分
ひよこ豆（水煮缶・缶汁含む）
………400g

A｜オリーブオイル………大さじ3（※1）
　｜白練りごま………大さじ2
　｜おろしにんにく、クミンパウダー
　｜………各小さじ1/2

塩、こしょう………各適量
トッピングのオリーブオイル、パセリ（みじん切り）、パプリカパウダー、ひよこ豆の水煮
………各適量

【 作り方 】

1　ひよこ豆は、缶汁を50mℓほど残して汁気を切り、ミキサーにかける。

2　Aを加えてさらにミキサーにかける。缶汁を少しずつ加えてなめらかになるよう調整する。塩とこしょうで味を調える。

3　器に盛り、トッピングのオリーブオイルを回しかけ、パセリなどをのせる。

コロラ バジ
にがうりの炒め物

ASIA／バングラデシュ

苦みと辛みのハーモニー

【 材料 】2人分
にがうり（ワタと種を取り除き、
5mm厚さに切る）………1本分
玉ねぎ（5mmの薄切り）………1/2個分
サラダ油………大さじ1
唐辛子（種を取って輪切り）
………1本分
塩、こしょう………各適量

【 作り方 】

1　にがうりに塩少々をふり、手で軽くもみながら水洗いする。

2　フライパンにサラダ油を熱し、1、玉ねぎ、唐辛子を入れて5〜6分炒める。塩とこしょうで味を調える。

箸休めにぴったり

ASIA
ミャンマー

チェッタ アールヒン

鶏とじゃがいものスパイス煮込み

さっぱり味のカレー肉じゃが

【 材料 】2人分

鶏もも肉（一口大に切る）………1枚分（約250g）
じゃがいも（乱切り）………2個分
玉ねぎ（薄切り）………1個分
にんにく、しょうが（ともにみじん切り）
………各1片分
サラダ油………大さじ2
ターメリックパウダー、塩………各小さじ1
A｜塩、カイエンヌペッパー………各小さじ1/2
　｜ナンプラー………大さじ2
　｜こしょう………少々
ガラムマサラ………大さじ1

【 作り方 】

1　鶏肉にターメリックパウダーと塩をもみ込む。鍋にサラダ油を熱し、玉ねぎ、にんにく、しょうがを入れて炒め、鶏肉を加えてさらに炒める。

2　じゃがいも、水100㎖、Aを加え、ひと煮立ちしたら弱火にし、20分ほど煮る。最後にガラムマサラを加える。

ASIA
ミャンマー

カヤンディ ヂョウ

なすの炒め物

薬味たっぷりで味わい深い

【 材料 】2人分

なす（5mm厚さの輪切り）………2本分
玉ねぎ（薄切り）………1/2個分
おろしにんにく、おろししょうが
………各小さじ1/2
干しえび………大さじ1
サラダ油………大さじ1
ナンプラー………小さじ1
塩………適量

【 作り方 】

1　鍋にサラダ油を熱し、玉ねぎ、おろしにんにく、おろししょうがを加えて炒める。玉ねぎがしんなりしたらなすを加え、干しえび、ナンプラーを加える。

2　弱火にして、10分ほど煮込み、塩で味を調える。

　ひと言アドバイス　「チェッタ アールヒン」は気取らないミャンマーの家庭料理。ご飯にかけてもおいしい。

歴史や文化、風土をお酒で表現

世界的傑作＆カオスなオリジナル

誰もが知る名作カクテルに、街の情景が浮かぶオリジナルカクテルをプラス。この混沌としたラインナップが、まさにアジア。

オリジナル

【 材料と作り方 】

氷を入れたグラスに、紅茶リキュール30㎖を入れ、牛乳を満たしてステアする。

インドといえば紅茶、ということで、カルーア（コーヒーリキュール）ミルクを、紅茶リキュールでアレンジ。紅茶リキュールはいくつかありますが、ダージリン系の「ティフィン」などがおすすめです。

ガネーシュの祈り
ミルク紅茶のやさしい味

シンガポールスリング
文豪に愛されたトロピカル系の傑作

【 材料と作り方 】

氷を入れたグラスにジン30㎖、チェリーリキュール15㎖、レモンジュース20㎖を入れ、ソーダで満たした後、軽くステアする。

シンガポールのラッフルズホテルで考案され、文豪サマセット・モームも愛したカクテルとしてあまりにも有名。女性のために考えられたということもあり、フルーティで爽やかな味。

【 材料と作り方 】

氷を入れたグラスにパクチーの葉（5〜6枚分）、ラム30㎖、ライムジュース20㎖、ガムシロップ10㎖を入れ、マドラーで葉をつぶすように押した後、ソーダで満たしステア。

キューバ生まれのモヒートは今や夏の定番。ミントをどっさり入れるのが特徴ですが、パクチーにかえると、アジアンな雰囲気に。

あんずのカクテル アンチエイジング効果あり？

【 材料と作り方 】

氷を入れたグラスに、あんずの酒60㎖を入れ、ソーダで満たして軽くステアする。

中国が原産とされ、薬効があるといわれるあんず。杏露酒やアマレットなどリキュールの材料にも。甘酸っぱくフルーティな風味を生かし、シンプルなソーダ割りで。

【 材料と作り方 】

氷を入れたグラスに「メコン」30㎖、カシスリキュール15㎖、レモンジュース10㎖、ガムシロップ10㎖を入れ、ソーダで満たして軽くステアする。

タイの外国人バックパッカーの溜まり場・カオサン通りをイメージ。甘くまったりとしたタイリカー「メコン」に、ベリーや柑橘の香りを。

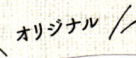

オリジナル

バックパッカー通りの名前 **カオサンの喧騒**

懐かしの昭和（！）の名曲風 **イスタンブールへ飛べ**

オリジナル

【 材料と作り方 】

氷を入れたグラスに、アニスの酒（「ラキ」「ウゾ」など）30㎖、グレープフルーツリキュール30㎖、ガムシロップ10㎖、レモンジュース10㎖を入れステアする。

トルコの「ラキ」は、アニス（ういきょう）で香りづけされた無色透明な蒸留酒。独特の風味があり、水分と合わせると白濁します。

飲んだ後はやっぱりコレ

ほっとするシメ料理

お酒を飲んだあとに食べたくなる、麺料理やご飯物を集めました。

RICE & NOODLE

味が絡む平麺

EUROPE

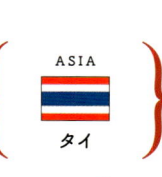

イタリア

リゾット アラ ポモドーロ

ソーセージのトマトリゾット

おなじみのイタリアンおじや

ASIA

タイ

パッタイ

タイ風焼きそば

米麺を甘辛ソースで

【材料】2人分
センレック(中細の米麺)
(乾麺)‥‥‥‥200g
茹でえび‥‥‥‥4尾
玉ねぎ(薄切り)‥‥‥‥1/2個分
にら(5cm長さに切る)‥‥‥‥3本分
もやし‥‥‥‥1/2袋
溶き卵‥‥‥‥2個分
サラダ油‥‥‥‥大さじ1
A　シーズニングソース
　　(またはオイスターソース)
　　‥‥‥‥大さじ1(※1)
　　ナンプラー‥‥‥‥大さじ1
トッピングの砕いたピーナッツ、
パクチー‥‥‥‥各適量

【作り方】
1　フライパンにサラダ油を熱し、玉ねぎを炒める。溶き卵を加え、水で戻したセンレック、にら、えびを加えて炒める。
2　Aを加えて炒め合わせ、器に盛り、トッピングをのせる。

シーズニングソースは、うまみの強い調味料。日本でも手に入りやすくなっています。(※1)　ひと言アドバイス

122

栄養たっぷりのパワーフード

モヒンガ
さば缶うどん

【 材 料 】2人分

さば（水煮缶・缶汁含む）……190g
そうめん（乾麺）………200g（※2）
A　玉ねぎ（みじん切り）
　　………1/2個分
　　おろしにんにく………小さじ1
　　おろししょうが………小さじ1/2
サラダ油………大さじ1
ナンプラー………大さじ3
トッピングのきな粉、茹で卵、パクチー
………各適量

【 作 り 方 】

1　そうめんを茹でておく。
2　鍋にサラダ油を熱し、Aを炒め、さば
　を缶汁ごと加えてつぶしながらさっ
　と炒める。水800㎖とナンプラーを
　加え、弱火で6分ほど煮る。
3　そうめんと2を器に盛り、トッピング
　をのせる。

> きな粉トッピングが
> くせになる!?

> 残ったら
> コロッケに！

【 材 料 】2人分

米（洗わなくてよい）………100g
生ハム、ソーセージ（粗みじん切り）
………合わせて50g
玉ねぎ（みじん切り）………1/4個分
にんにく（みじん切り）……1/2片分
ブイヨンスープ………300㎖
トマトソース（市販品）
………大さじ1と1/2
パルメザンチーズ………30g
溶けるチーズ（シュレッドタイプ）
………50g
オリーブオイル………大さじ1
飾りのパセリ（みじん切り）………少々

【 作 り 方 】

1　鍋にオリーブオイルを熱し、にんに
　くと玉ねぎを炒める。生ハム、ソー
　セージ、米を加えてさらに炒める。
2　ブイヨンスープを少しずつ加え、ト
　マトソースを加えて、弱火で15分
　ほど、米に歯ごたえが少し残るくら
　いまで煮る。
3　パルメザンチーズと溶けるチーズを
　加えて混ぜ、パセリをふる。

ひと言アドバイス　屋台朝食の定番。現地では川魚や米の細麺を使いますが、今回はさば缶とそうめんで代用。（※2）

えびのうまみもたっぷり

カレーラクサ
ココナッツカレーラーメン

まったり
つるつる

トマトパスタ風!?

モッチリ麺を肉トマトソースで

ラグメン
羊肉と野菜のソースかけうどん

【 材料 】2人分

うどん(茹でておく)………2玉
羊肉(ラム)(細切り)………200g
A│ 玉ねぎ(みじん切り)
　　………1/2個分
　　パプリカ(赤・黄・オレンジ)
　　(すべて短冊切り)………各1/2個
　　おろしにんにく、おろししょうが
　　………各小さじ1/2
サラダ油………大さじ1
B│ カットトマト(缶詰)………200g
　　クミンパウダー………小さじ1
　　塩………小さじ1/2
　　こしょう………適量

【 作り方 】

1　フライパンにサラダ油を熱し、Aを
　　入れて炒め、羊肉を加えてさらに5
　　分ほど炒める。

2　Bを入れて弱火にして15～20分
　　ほど煮込み、うどんの上にかける。

辛さと酸味と
サクサク感と

【材料】2人分

中華麺………200g　　茹でえび………4尾
厚揚げ（食べやすい大きさに切る）………1枚分
もやし………1/2袋
にら（5cm長さに切る）………2本分
A｜ココナッツミルク………800ml
　　玉ねぎ………1/2個　　ピーナッツ………20粒
　　干しえび………大さじ2
　　おろししょうが、おろしにんにく………各小さじ1
　　カピ（なくてもよい）………小さじ1（※1）
　　カレー粉、レモングラスパウダー
　　………各小さじ1
　　カイエンヌペッパー、ターメリックパウダー
　　………各小さじ1/2
ナンプラー………大さじ2　　塩………小さじ1/2
飾りのパクチー………適量

【作り方】

1　中華麺、もやし、にら、厚揚げは茹でておく。
2　ミキサーにAを入れて、なめらかになるまで混ぜる。
3　鍋に2を入れて火にかけ、ひと煮立ちしたら塩とナンプラーで味を調える。1と茹でえびを加えて2分煮る。飾りのパクチーをのせる。

【材料】作りやすい分量

ココナッツフレーク………200g
ピーマン………1個
玉ねぎ………1/2個
カットトマト（缶詰）………100g
ライム果汁………1/2個分
カイエンヌペッパー………小さじ1/2
かつお節………大さじ2
塩………小さじ1/2

【作り方】

1　すべての材料をフードプロセッサーにかける（あるいは細かくみじん切りにして混ぜる）。

ご飯にもカレーにも

ASIA
スリランカ

ポルサンボール

ココナッツふりかけ（※2）

　ひと言アドバイス　お酒のあてに、ふりかけに、カレーの付け合わせに、と万能。ちびちび食べるのが現地流。（※2）

やハーブの使い方

この本で使われている主なものと、上手な使い方を紹介。

1 形状による分類
フレッシュか、ドライか、パウダーか

スパイスやハーブには、主にフレッシュ（生）とドライ（乾燥）があります。
またドライには、葉や実・種などの形のままのもの（ホール）と、
パウダー状に細かくひいたもの（パウダー）があります。

【 フレッシュ 】

新鮮な香りと鮮やかな色合いが、料理をひきたたせます。パクチーやバジルは、フレッシュに勝るものはないでしょう。ちなみに、日本の料理やおつまみでもよく使う、しょうがやにんにくにも、フレッシュのハーブに入ります。

【 パウダー 】

家庭で手軽に使うなら、パウダーが一番。いくつか揃えて入れると、ぐっと本格的に。香りに慣れないうちは、分量を減らし気味にしてもいいでしょう。また、湿気に弱く、香りも飛びやすいので、少量ずつ買うようにしましょう。

【 ホール 】

より香りや風味を立たせたいときは、ホールを軽くフライパンで炒り、グラインダーやミルで砕くのがおすすめ。煮込み料理や、ハーブの香りを移すハーブビネガーなどを作るときは、香りが長持ちするホールがおすすめです。

2 国や地域による、呼称の違い
パクチー＝コリアンダー＝香菜？

「パクチー（タイ語）」、「コリアンダー（英語）」、「香菜（中国語）」は、実は同じ植物。
この本では、フレッシュは「パクチー」、ドライは「コリアンダー」の表記で統一しています。
他にも国や地域によって呼び方が異なるものの例を紹介します。（赤字がこの本での表記）

・**ターメリック** ／ ウコン

・**シナモン** ／ ニッキ

・**黒こしょう** ／ ブラックペッパー

・**ローリエ** ／ ローレル ／ ベイリーフ

・**唐辛子**（ホールの場合）／

カイエンヌペッパー（パウダーの場合）／

チリペッパー

※使用する唐辛子の種類や辛さによって
名称が違う場合もある

料理の腕をワンランクアップ！ スパイス

料理に少し加えるだけで、その国らしい味わいになるのがスパイスやハーブ。

3 この本に出てくる 主なスパイス＆ハーブ

ここに挙げたのは、たいていのスーパーで手に入るものばかりです。
余ってしまう……なんて躊躇せずに、特徴を覚えて、まずは使ってみましょう。
そのうちあなたもスパイスマスターに!

【 オレガノ 】

スッキリした強い香りで、トマトやチーズと相性のよいシソ科のハーブ。ドライで、ピザやトマトソースパスタ、肉料理などによく使われる。ヨーロッパやオセアニア料理に。

【 カイエンヌペッパー 】

カイエンペッパー、チリペッパー。乾燥した唐辛子をひいて粉にした、辛みを加えるスパイス。ちなみにチリパウダーは、他のスパイスを数種類加えた複合スパイスのこと。

【 ガラムマサラ 】

インドを代表する複合スパイスで、カレーの仕上げや、炒め物・煮物などの風味付けに使われる。クミン、シナモン、コリアンダーなど、数種類から数十種類が使われる。

【 カレー粉 】

カレー料理に使われるミックススパイス。ターメリック、クミン、カイエンペッパーなど多種類で作られる。市販品は、メーカーによって配合が違うので、好みのものを探して。

【 クミン 】

インド、メキシコ、アフリカ、東南アジアなどエスニック料理に欠かせない。いわゆる"カレーのにおい。"を思わせる香り。炒め物にも。油で加熱することで、より香りが引き立つ。

【 コリアンダー 】

フレッシュの葉をパクチー、種子や葉のドライをコリアンダーと呼ぶことが多い。種子の方が葉よりクセがなく、甘く爽やかな香り。カレーやひき肉料理、お菓子にも。

【 タイム 】

爽やかな香りとほろ苦さがあり、ヨーロッパの料理の魚介の臭み消しには欠かせない。肉にも合い、煮込み料理にもよく使われる。ハーブオイルやハーブビネガーにも。

【 パプリカ 】

唐辛子の仲間だが、辛みはなく、主に色づけや風味づけに使われる。ほのかな甘みと苦みがあり、ビタミンCも豊富。赤い色素は、油に溶けやすく、鮮やかな色が出る。

ソースを手作りする場合

White & Tomato Sauce

掲載したレシピでは市販品を使いましたが、手作りする場合はこちらで。

▶ ホワイトソース

【 材料 】

● ソースとして使う場合

牛乳………500㎖　　　バター（食塩不使用）、薄力粉………各30g
塩、こしょう………各少々

● コロッケに使う場合

牛乳………500㎖　　　バター（食塩不使用）、薄力粉………各35g
塩、こしょう………各少々

【 作り方 】

1　厚手の鍋にバターを入れて弱火にかけ、バターが溶けてきたら
　　薄力粉を加えて、粉っぽさがなくなるまで炒める。

2　中火にして、混ぜながら牛乳を少しずつ加える。なめらかな状態
　　になったら、塩とこしょうで味を調える。

▶ トマトソース

【 材料 】作りやすい分量

トマトピューレ………400㎖　　　玉ねぎ（粗みじん切り）………1個分
おろしにんにく………小さじ2　　　オリーブオイル………大さじ2
塩、こしょう………各少々

【 作り方 】

1　フライパンにオリーブオイルを熱し、おろしにんにく、玉ねぎを入
　　れて炒め、しんなりしたらトマトピューレを加える。ひと煮立ちした
　　ら弱火にし、塩とこしょうを加えて15分煮込む。

さくいん

❶ 素材別に探す

｛ 肉 ｝

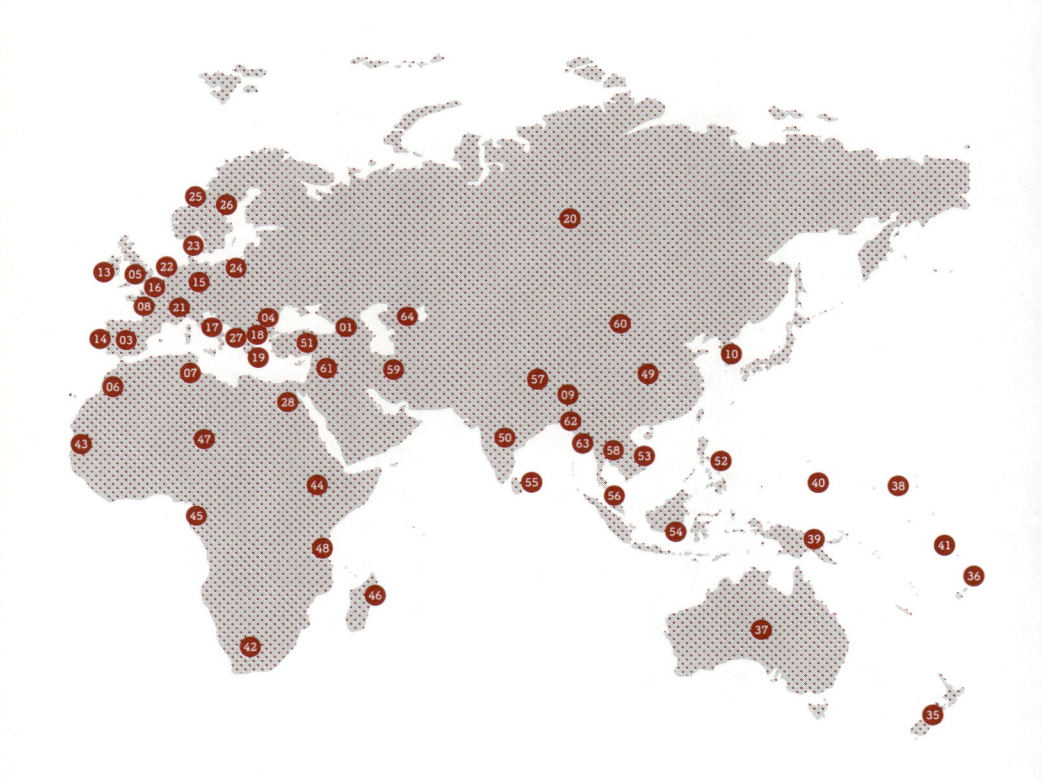

お酒とおつまみを通じて
世界と飲みニュケーションを！

ポルトガルで居酒屋をのぞいたら、太ったオヤジが「こっちへこ
い」と手招きして席を空けてくれ、お酒をごちそうしてくれたり。
居酒屋のマスターと仲よくなり、おつまみのレシピを教えてもらっ
たり。ネパールの友人の家で、クセの強い自家製酒「チャン」を飲み
すぎて酔っ払い、帰りに側溝に落ちたこともありました。

私自身、お酒が大好き。お酒は、多くの国々で現地の人たちと
仲よくなるツールのひとつでした。

メソポタミア地域では、紀元前4000年ごろからワインが作
られていたそうで、今も世界中のどこにでも、お酒はあります。そ

して、お酒とおいしいおつまみは、切っても切れない関係です。

今このときも世界196カ国、約76億人の人たちが、多種多様な食事をしていますが、そこで使われている食材は、土地の風土や気候から生まれたもの。また調理方法は、文化や習慣、伝統的な技術が引き継がれてきたもの。料理には、それぞれの国の歴史とそれにまつわる、壮大なドラマが詰め込まれています。

料理を知ることで、人々や国同士の相互理解が自然と深まり、ひいては、貧困や紛争などの問題が減るのではないか……。料理にはそういう力があると信じて、私は、世界の料理を紹介する活動を続けているのです。

といっても、お酒やおつまみを楽しむのは、リラックスして自分をリセットする行為。この本が、構えずに世界に思いを馳せながら、お酒とおつまみを楽しんでいただく助けになればと思います。

本山尚義

Enjoy!

もとやまなおよし / 1966年、神戸市出身。日本でフランス料理を習得後、世界30カ国を旅しながら現地の料理を覚える。帰国後はレストランをオープン。2年間をかけ世界196カ国の料理を提供するイベントも開催する。2016年からはレトルト製造業に転じ、「世界のごちそう博物館」を主宰。講演等を通じて、世界の味を伝え、食料問題を考える活動も行っている。

【スタッフ】

撮影／増田えみ

スタイリング／佐々木沙恵子

イラスト／千葉薫

デザイン／平岡規子

校閲／K・I・A

取材／秋山圭子

編集／猪俣志保

世界のおつまみレシピ

著者／本山尚義

編集人／泊出紀子

発行人／倉次辰男

発行所／株式会社 主婦と生活社

〒104-8357 東京都中央区京橋3−5−7

編集部 ☎ 03-3563-5129

販売部 ☎ 03-3563-5121

生産部 ☎ 03-3563-5125

http://www.shufu.co.jp

製版所／東京カラーフォト・プロセス株式会社

印刷所／共同印刷株式会社

製本所／株式会社若林製本工場

ISBN 978-4-391-15378-1